Le livre ! Qui n'aime le livre ? Il nous accompagne depuis des siècles – merci Gutenberg – demeure notre plus fidèle et indispensable compagnon. Il élève, console, nourrit, instruit ou tue.

On le loue, le détruit, on le récompense, le brûle, le déteste ou l'adore.

Il est le support de toutes les pensées, croyances, cultures et opinions.

Jamais il y a eu autant de livres, les énormes progrès de l'impression et de la distribution font qu'on le trouve partout. C'est ainsi qu'il restera notre ami toujours disponible, objet de réflexion, d'espérance, de pleurs ou de rire.

Puisqu'une image en dit plus que mille mots et le reste n'étant que littérature, j'ai pris mon crayon et j'ai... dessiné un livre.

Paul

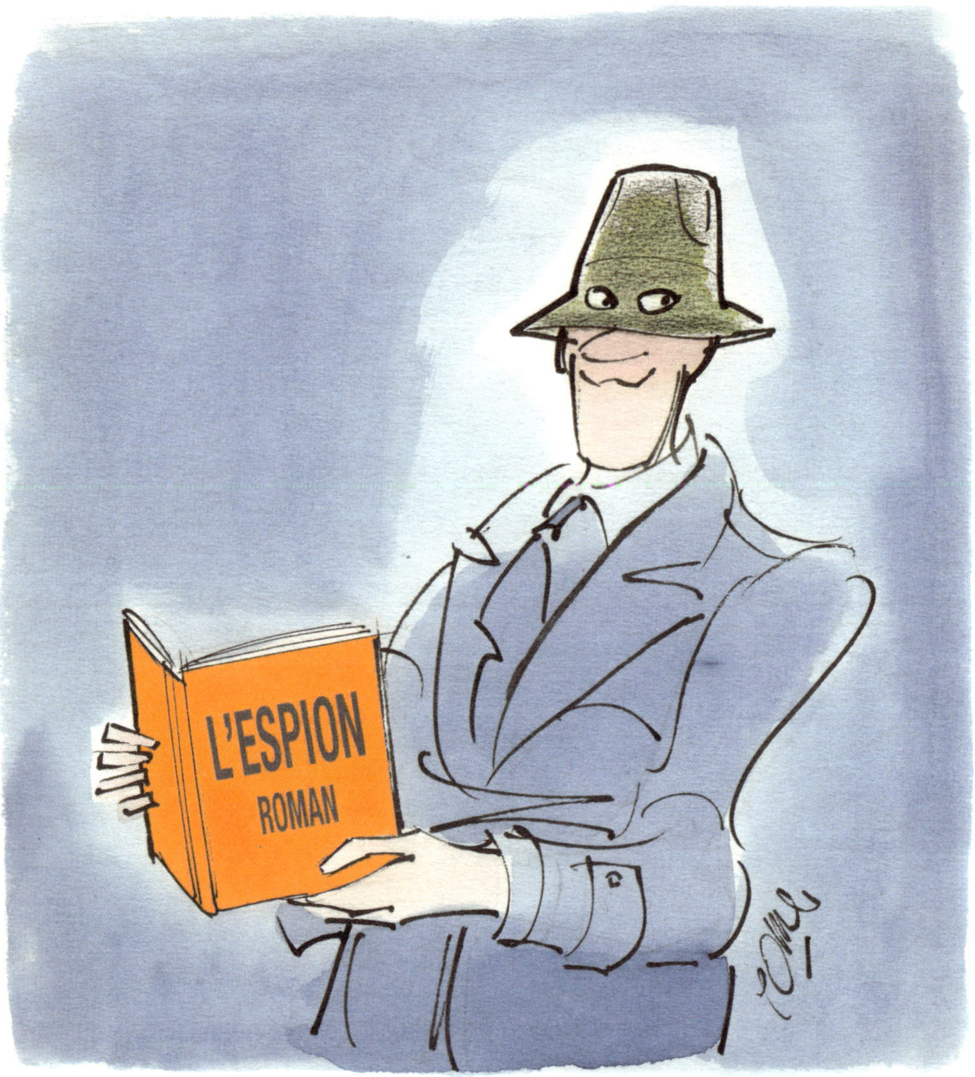
L'ESPION
ROMAN

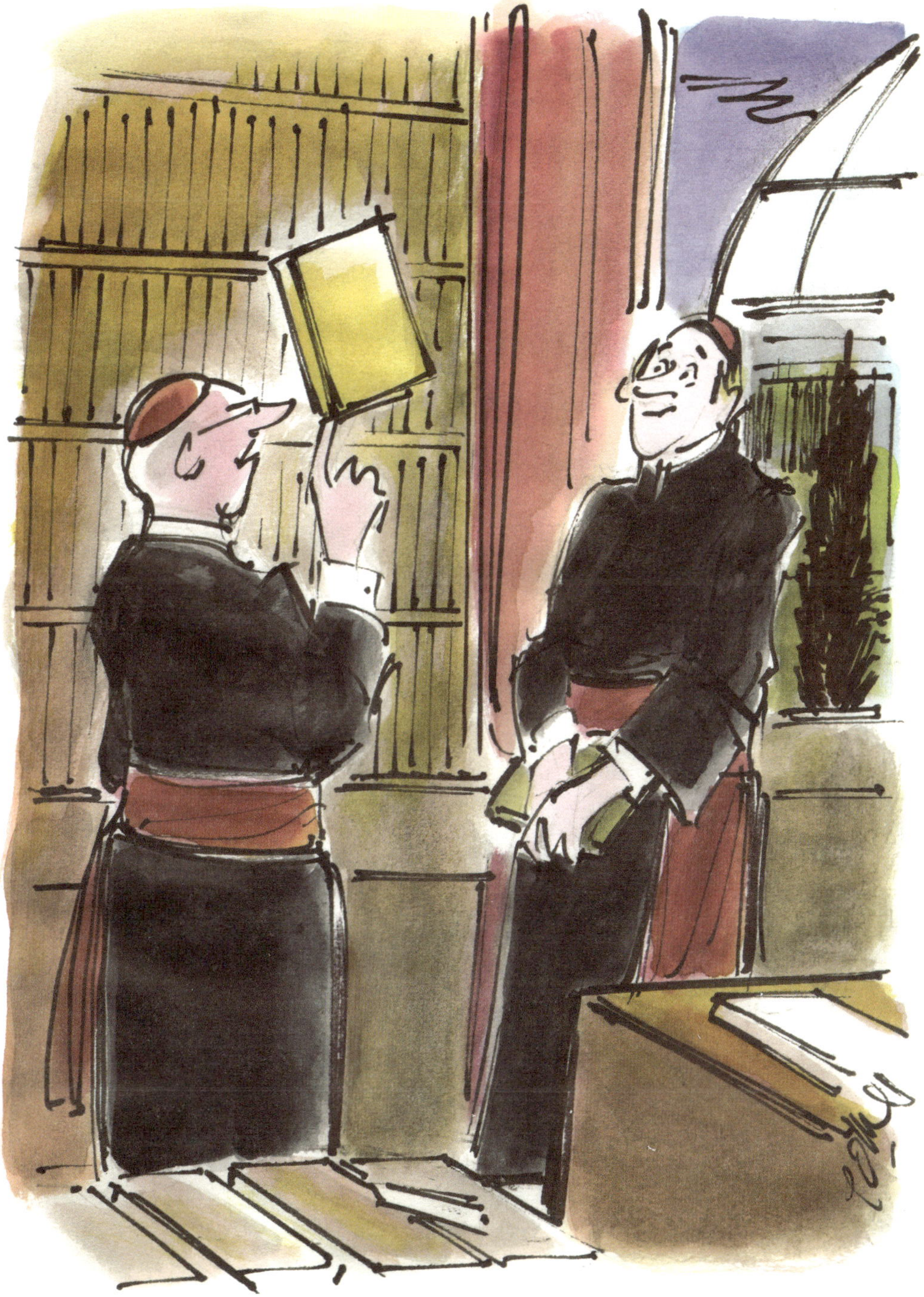

– *Nous l'avons mis à l'index !*

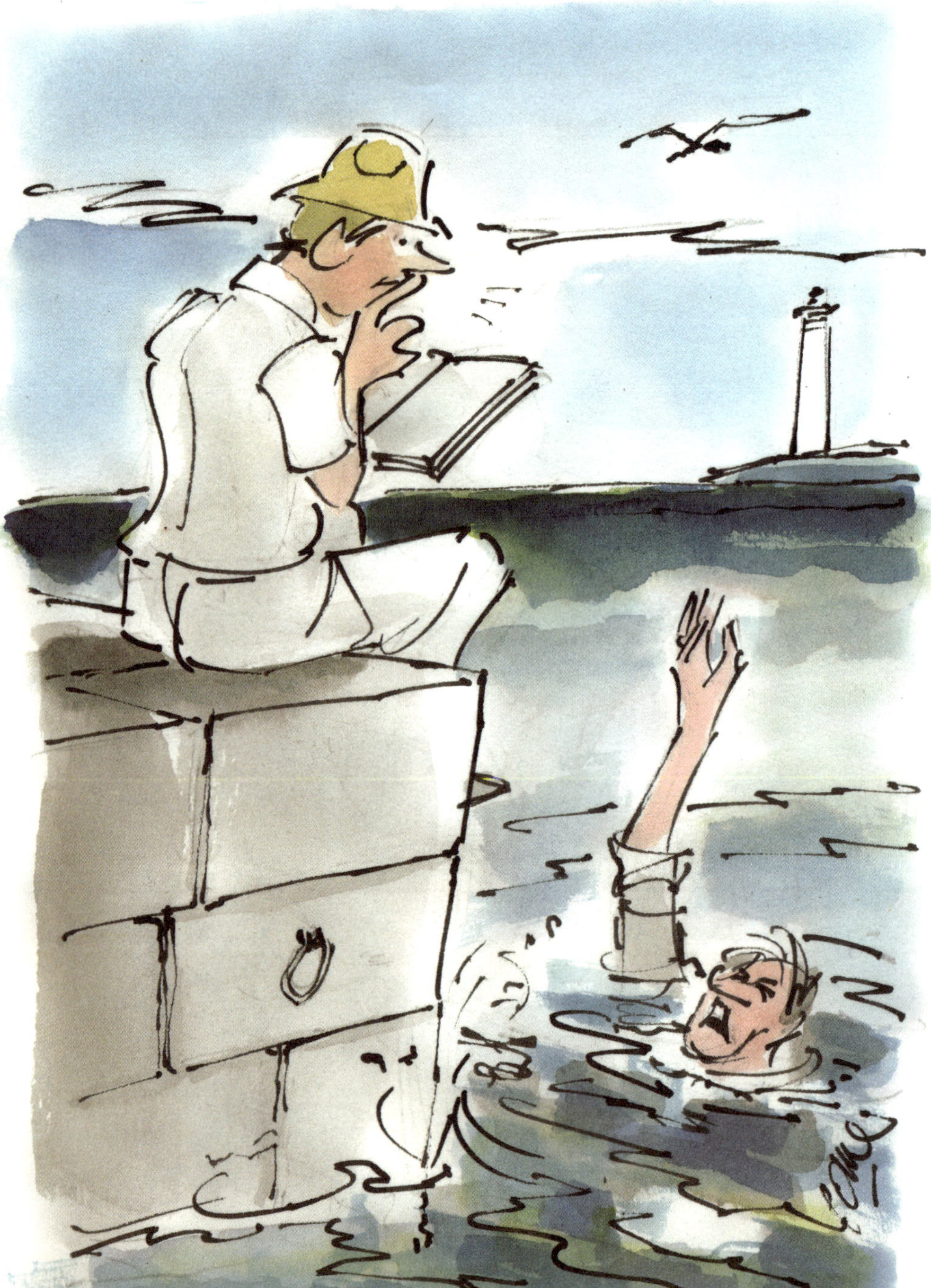

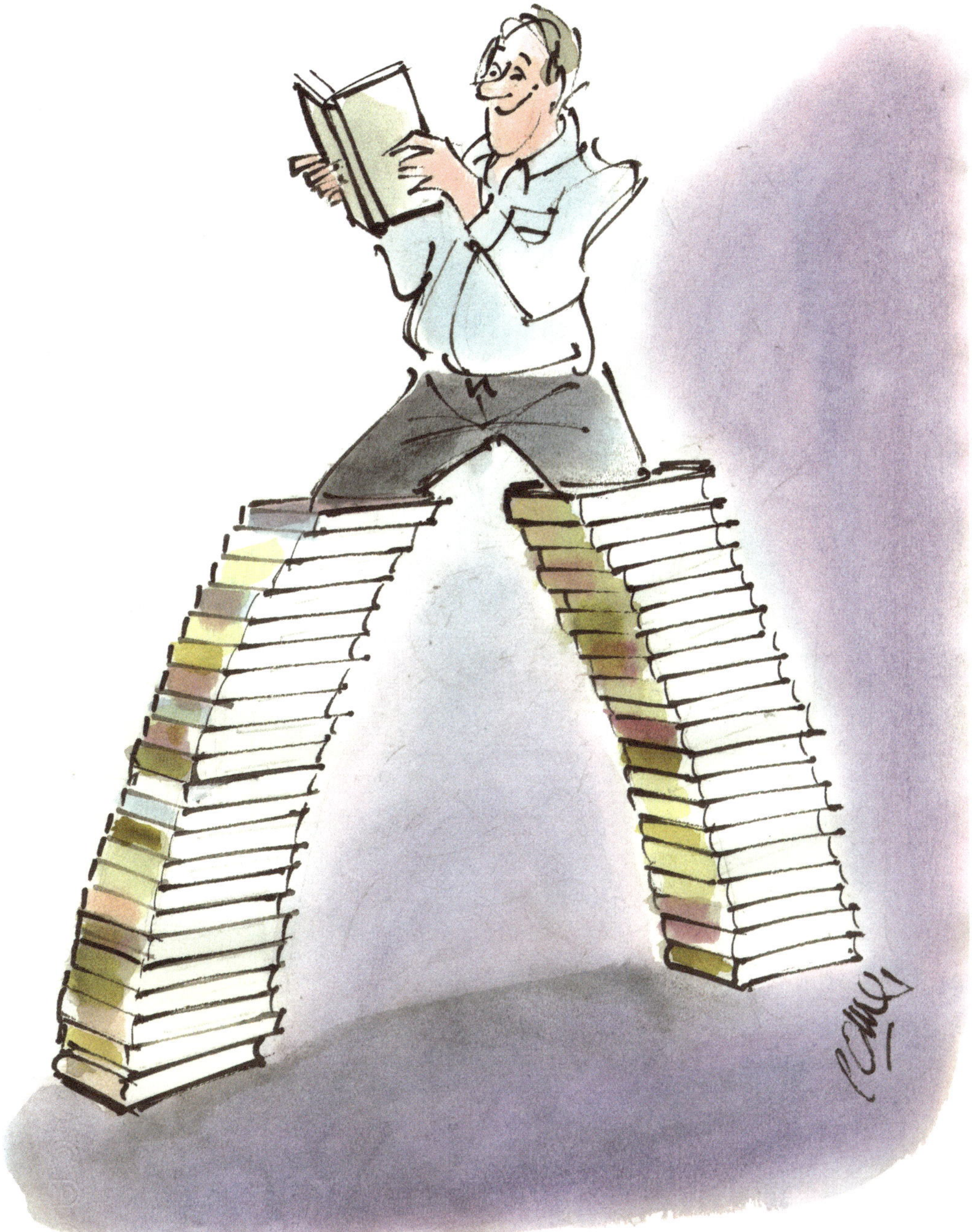

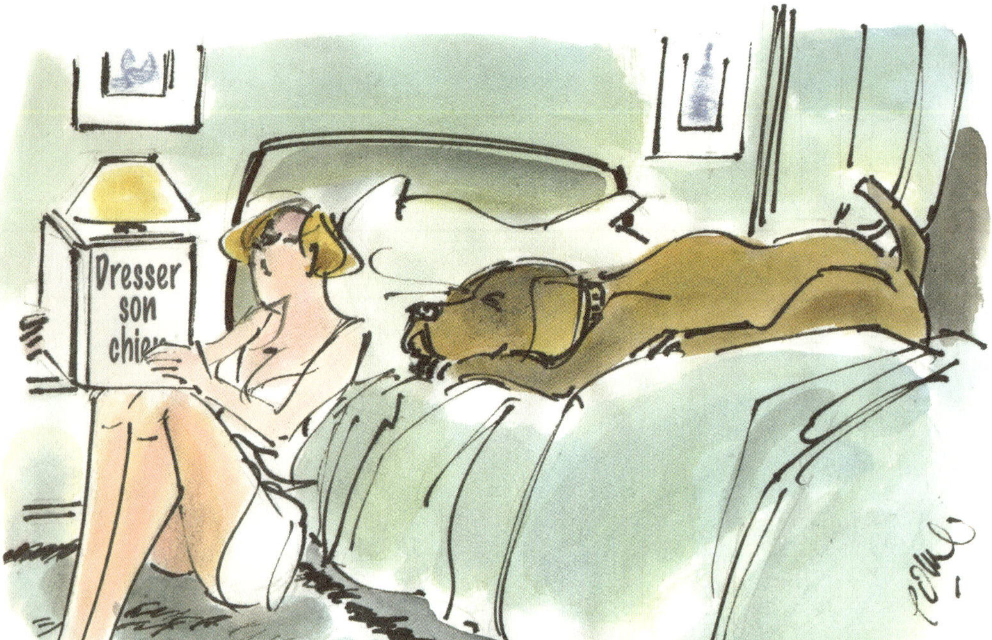
Dresser
son

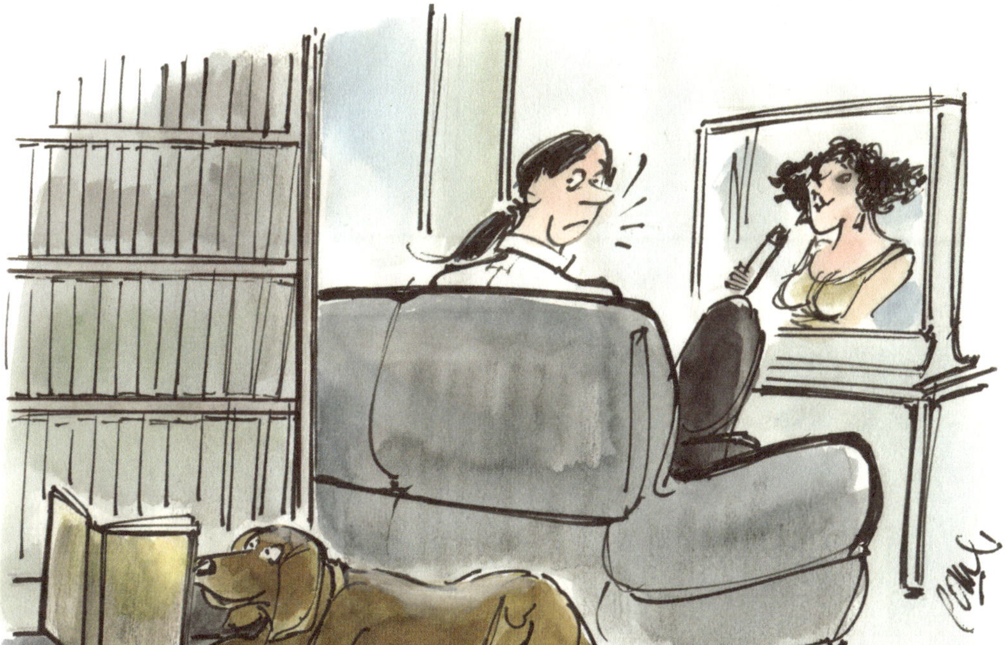

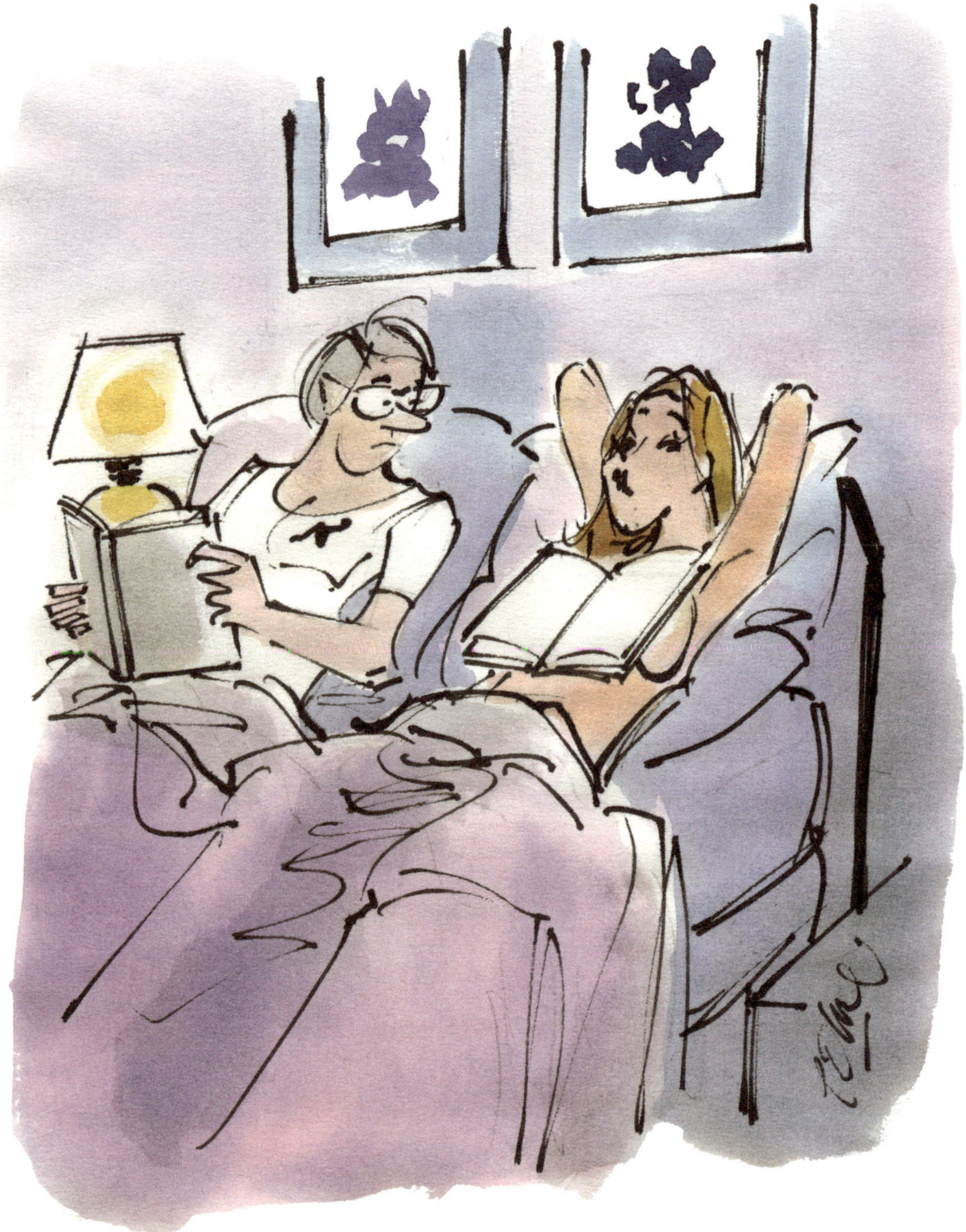

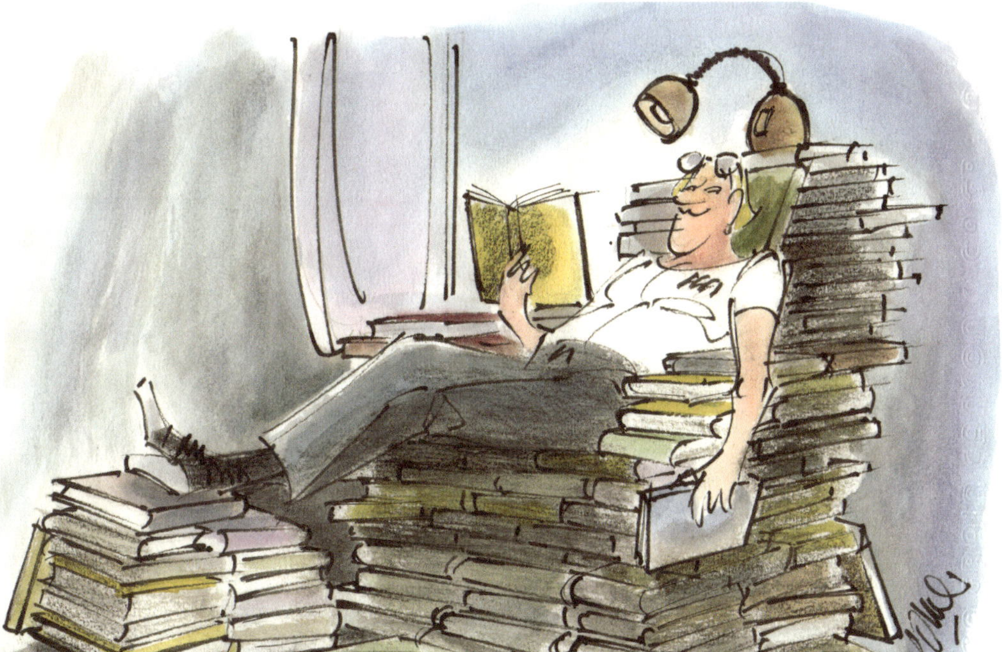

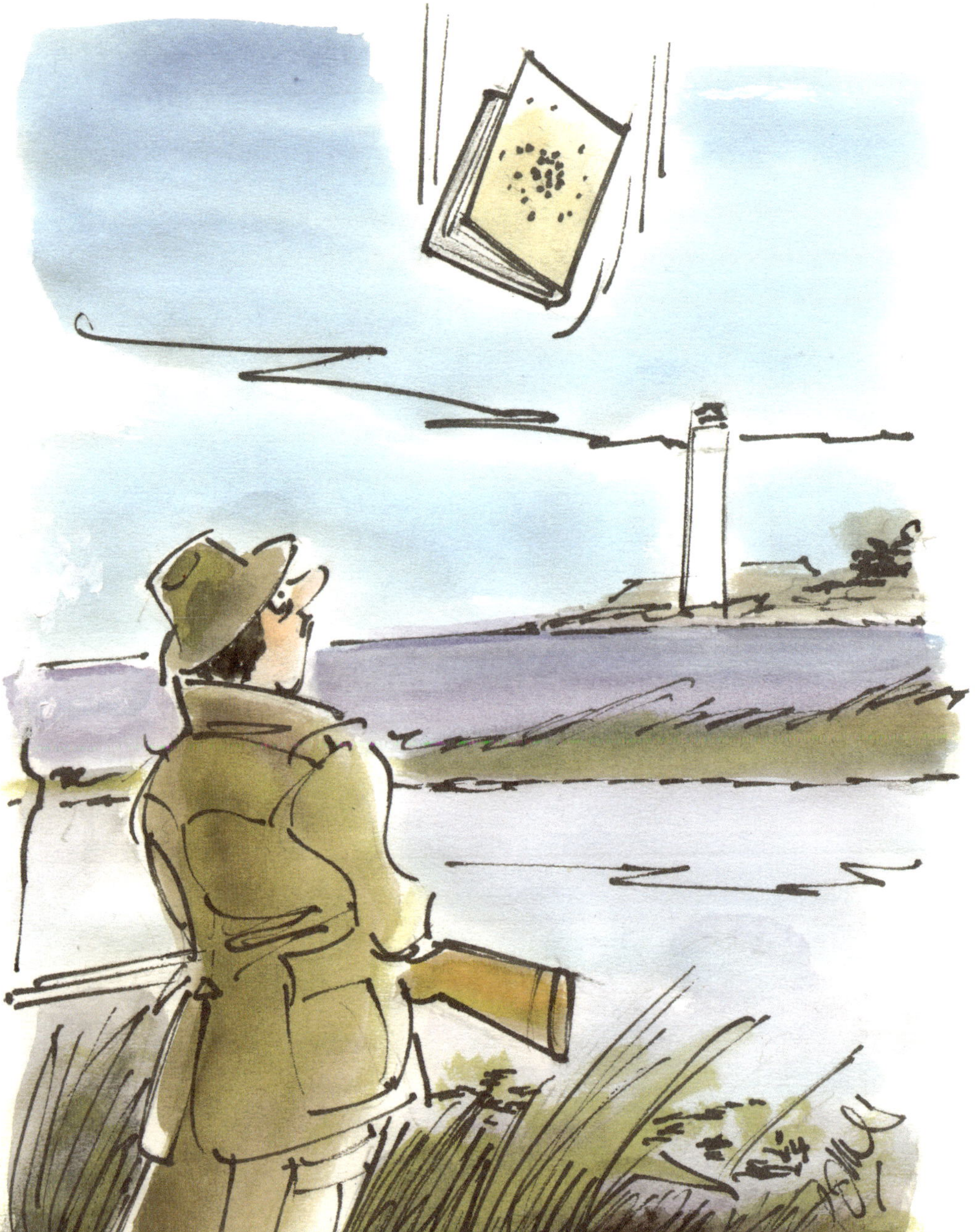

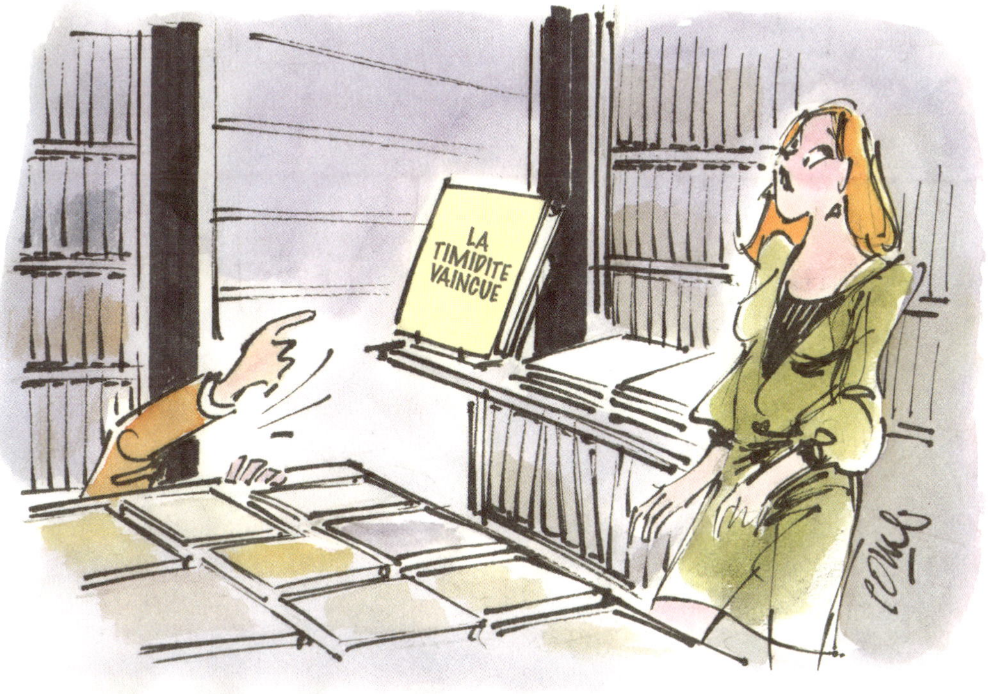
LA TIMIDITE VAINCUE

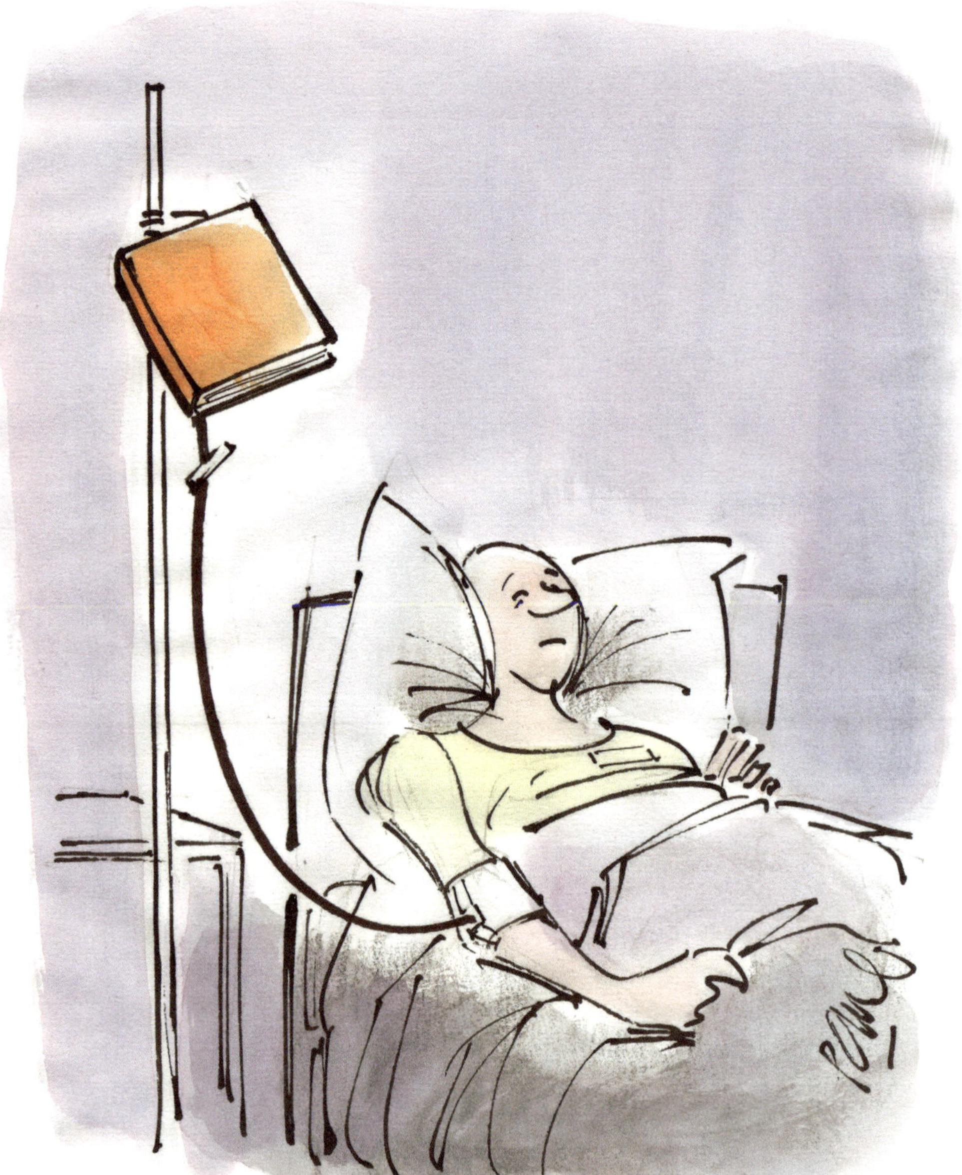

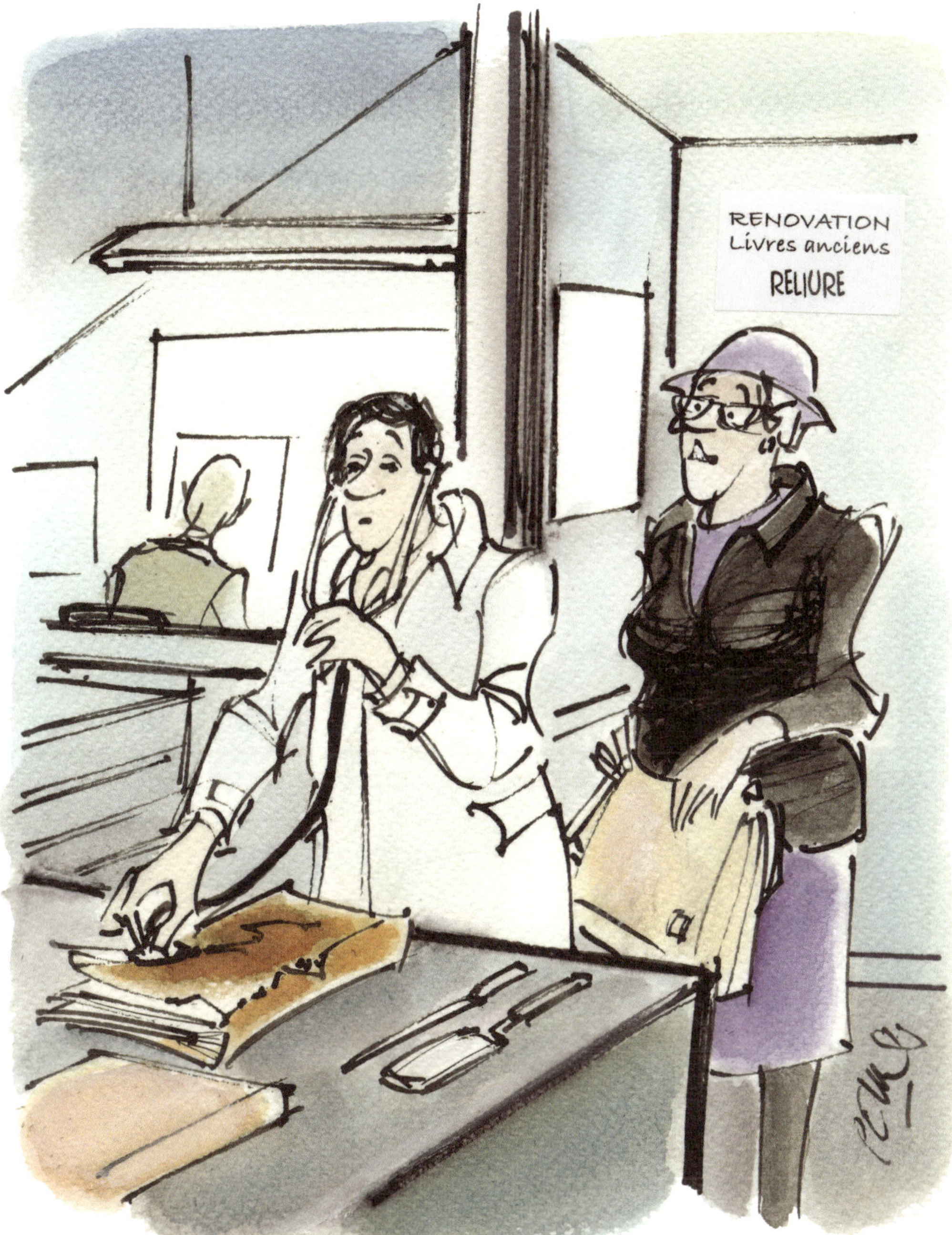

– C'est grave ?

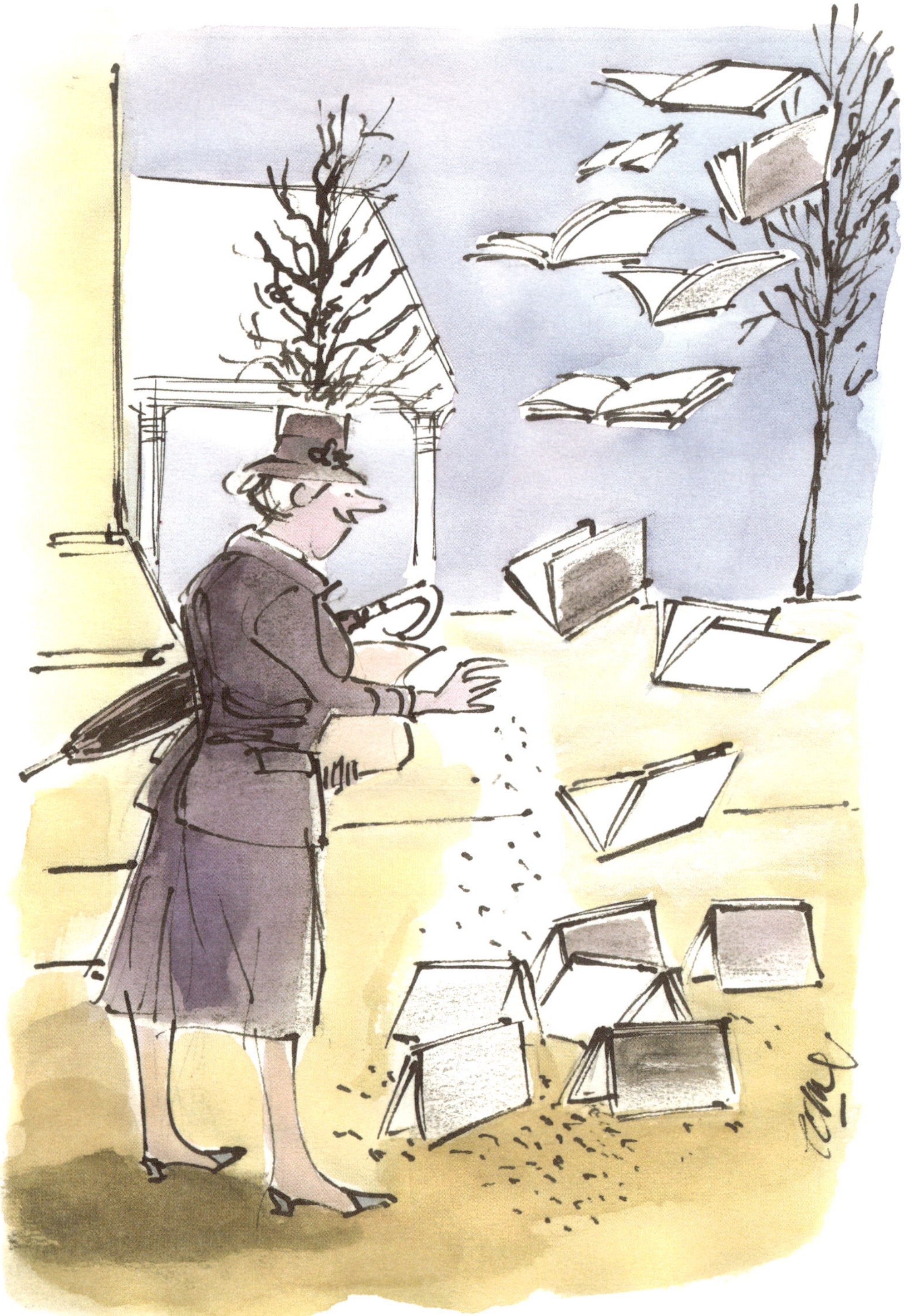

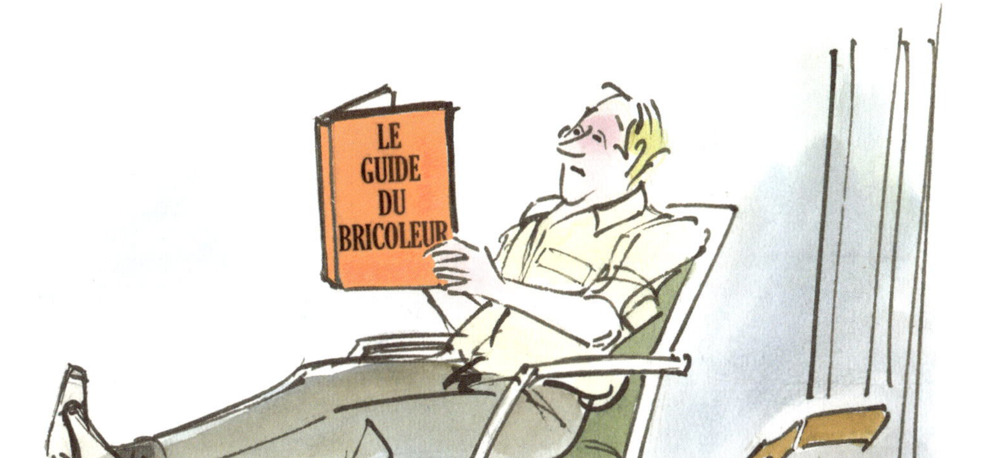
LE
GUIDE
DU
BRICOLEUR

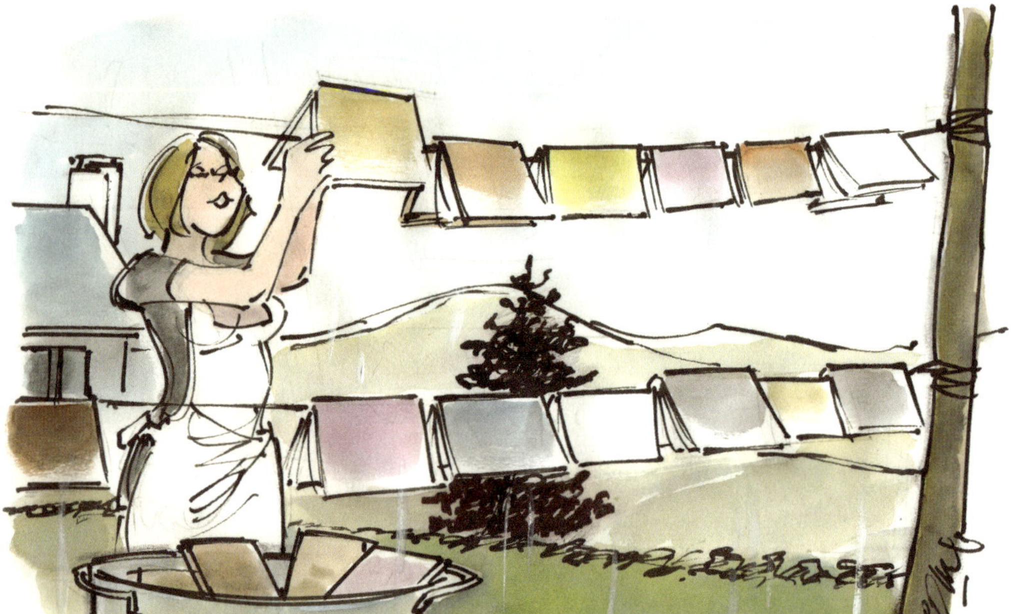

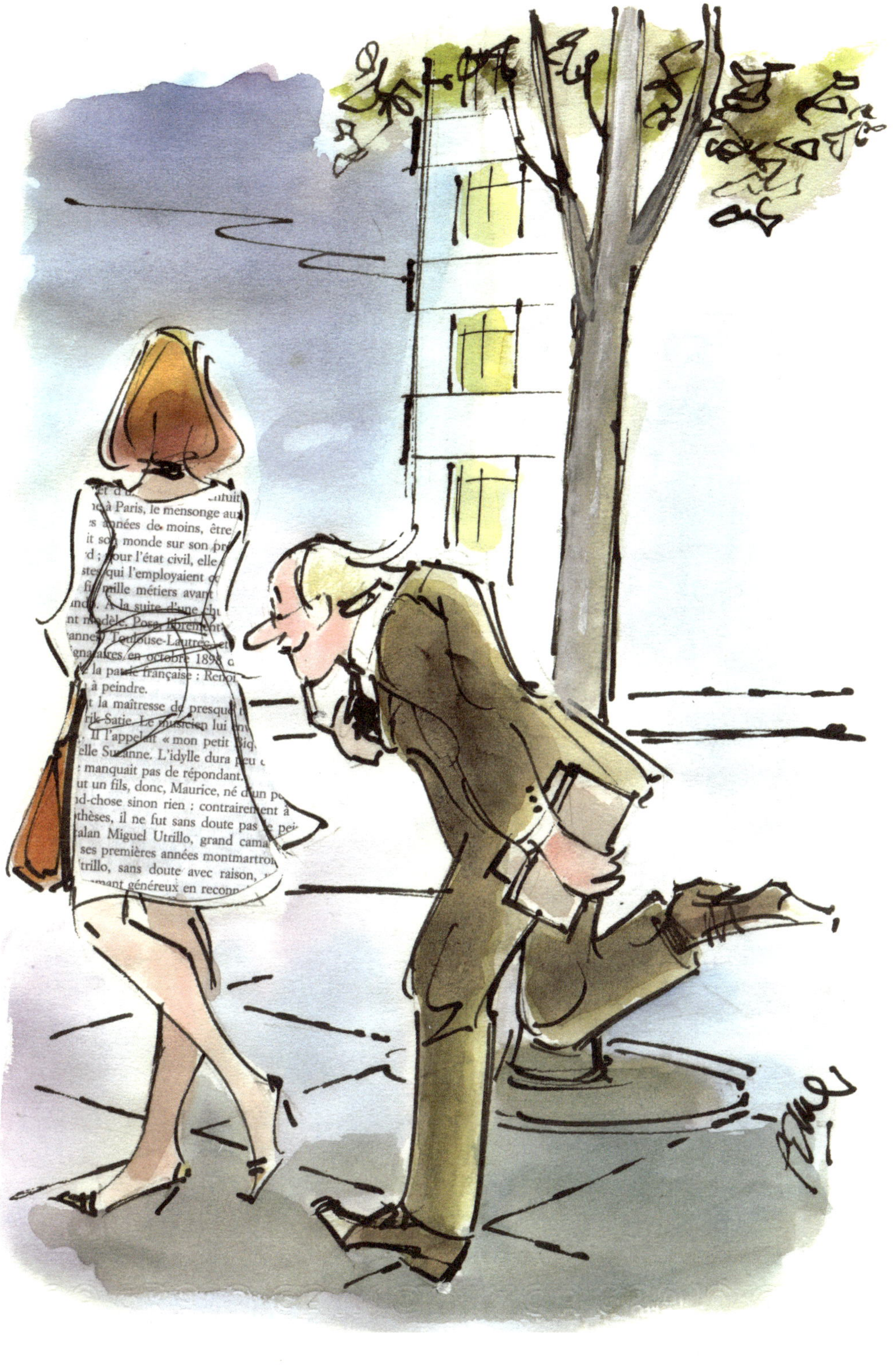
à Paris, le mensonge au
années de moins, être
it son monde sur son
d ; pour l'état civil, elle
qui l'employaient
mille métiers avant
À la suite d'une
Toulouse-Lautrec
en octobre 1898
la patrie française : Renoi
à peindre.
t la maîtresse de presque
rik Satie. Le musicien lui
Il l'appelait « mon petit
elle Suzanne. L'idylle dura peu
manquait pas de répondant.
ut un fils, donc, Maurice, né d'un
d-chose sinon rien : contrairement à
thèses, il ne fut sans doute pas le pei
alan Miguel Utrillo, grand cama
ses premières années montmartroi
trillo, sans doute avec raison,
généreux en recon

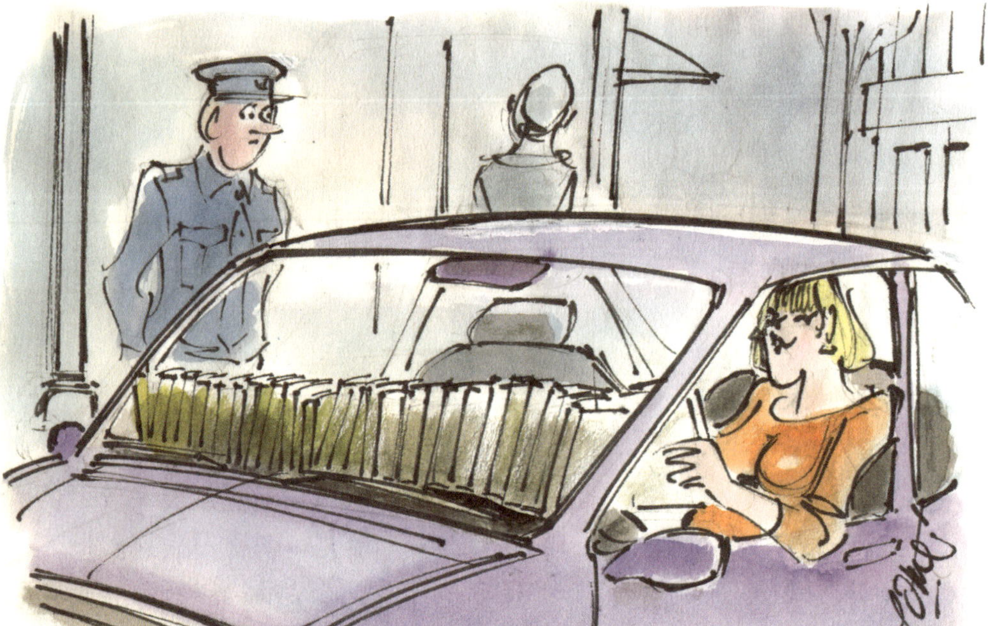

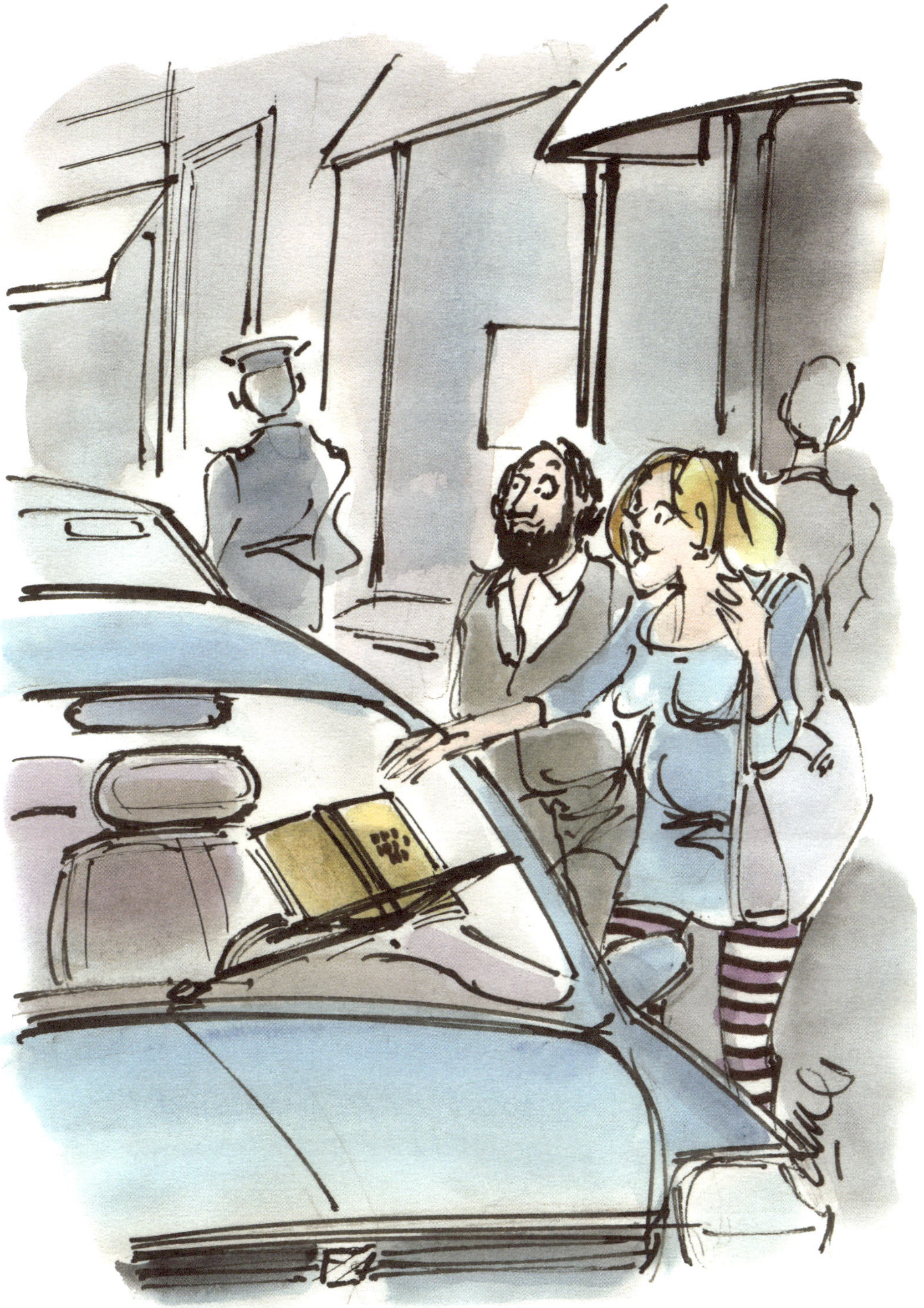

– C'est un agent littéraire !

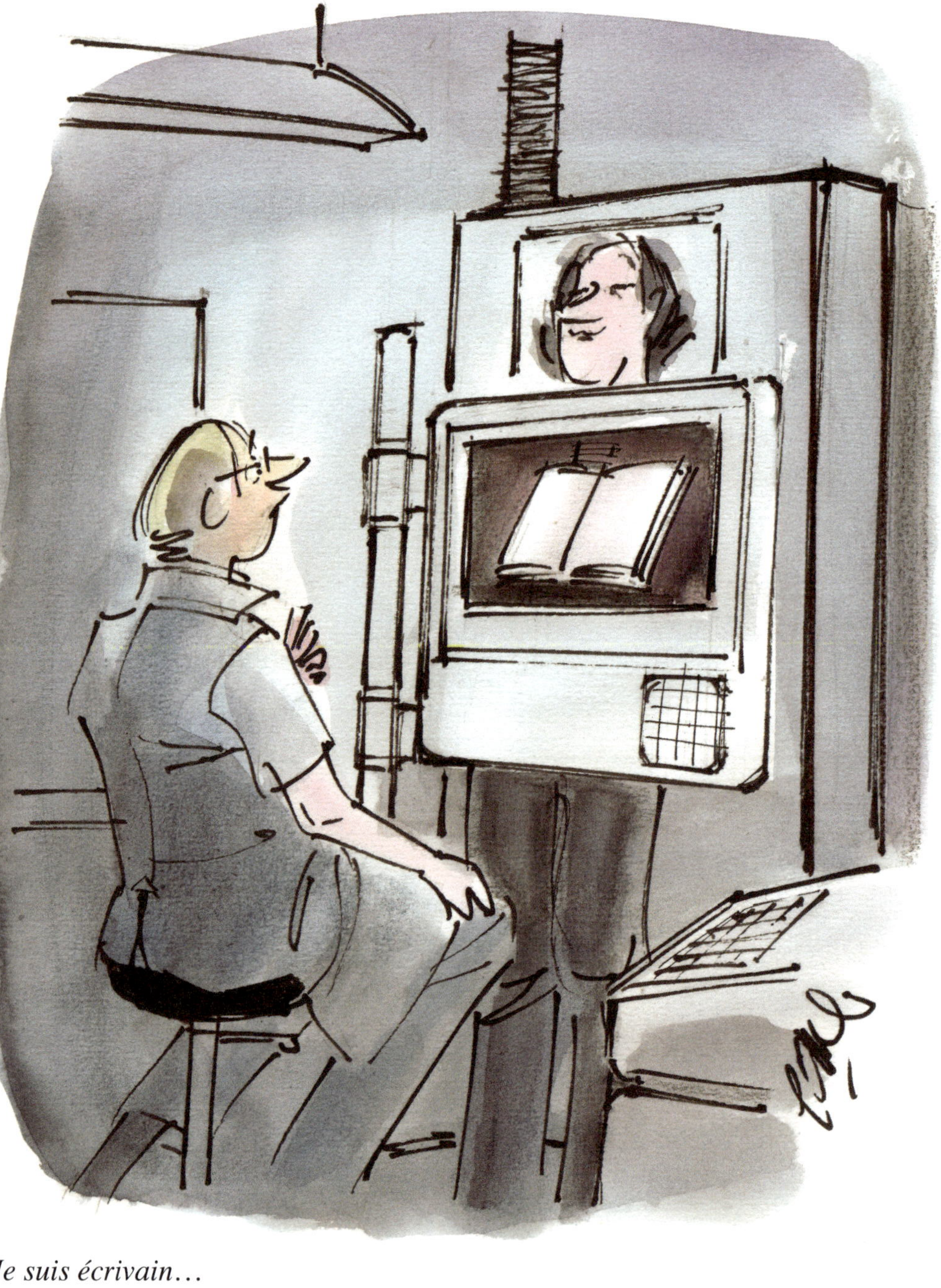

– *Je suis écrivain…*

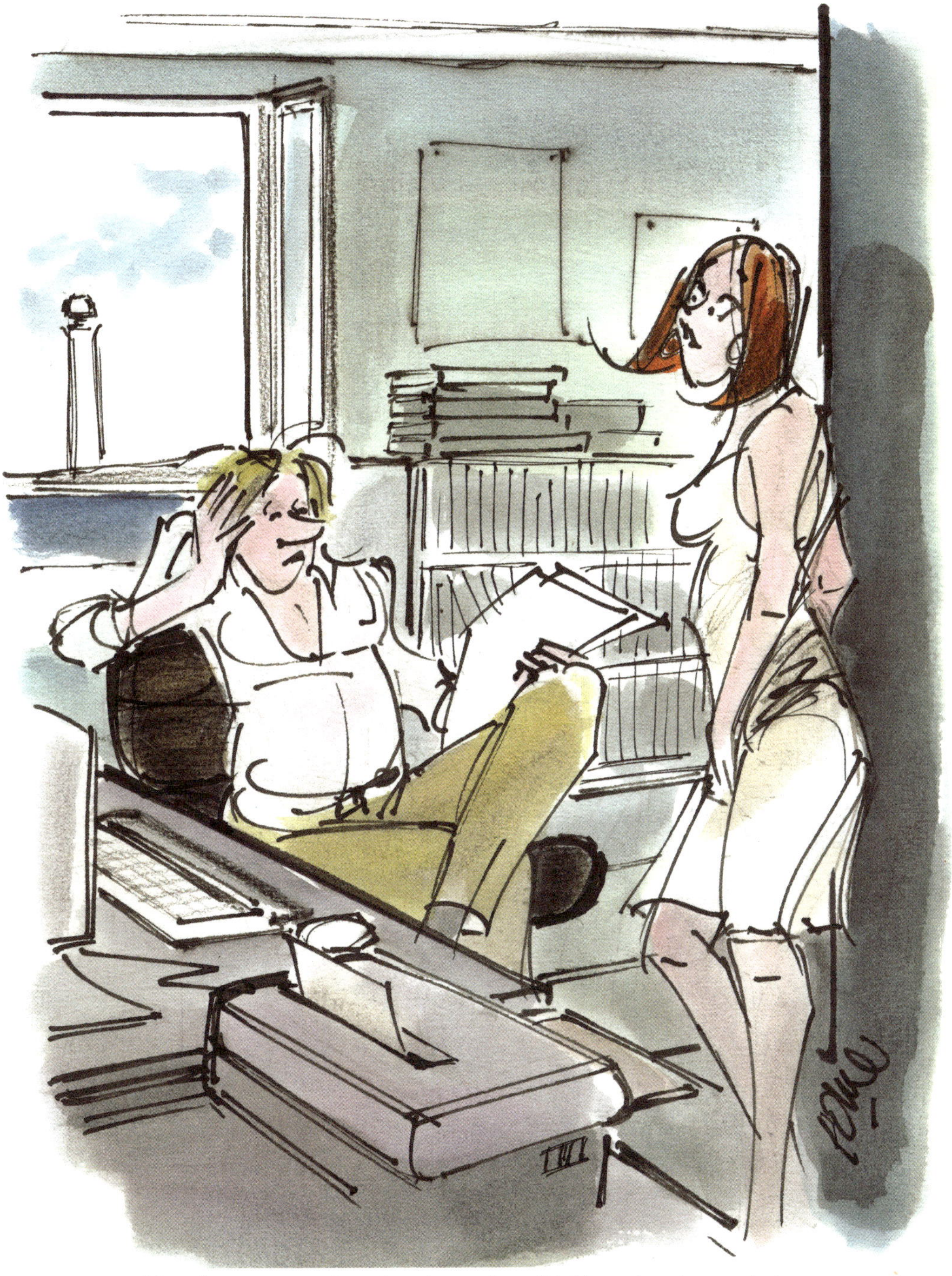

– Je suis vidé : plus aucune inspiration, plus d'idées ni sujets originaux tout juste bon pour écrire pour la télé !

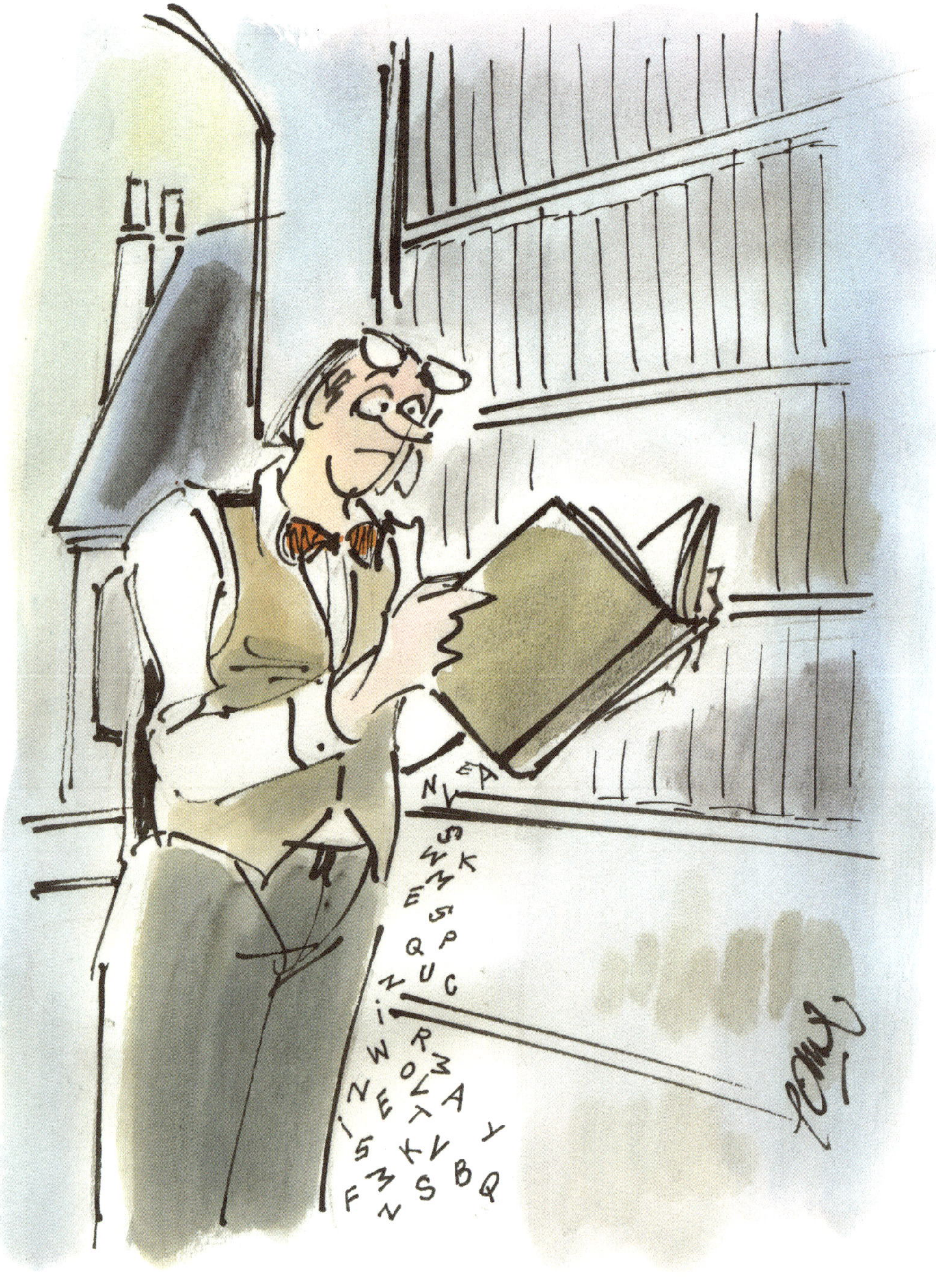

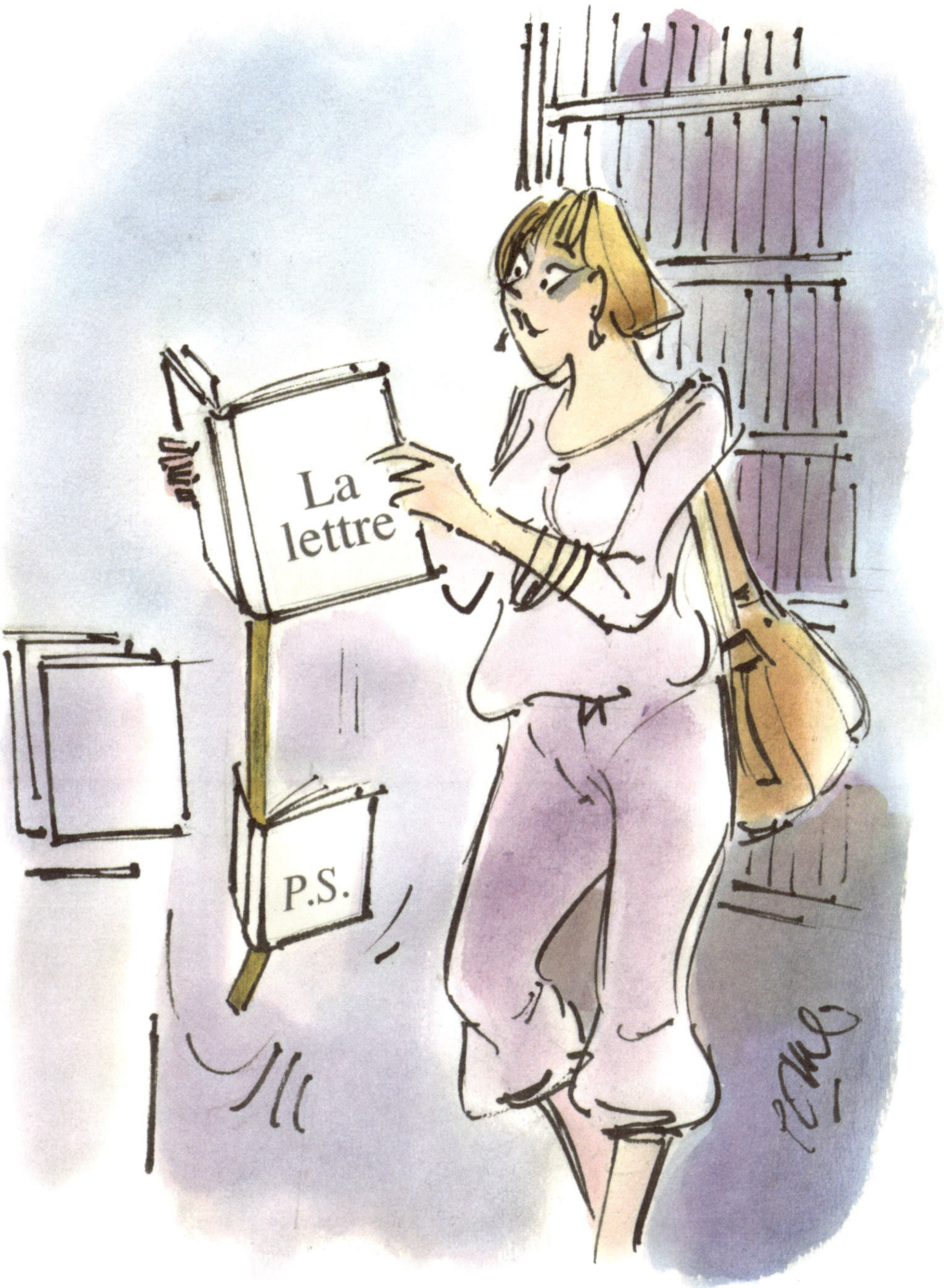
La lettre
P.S.

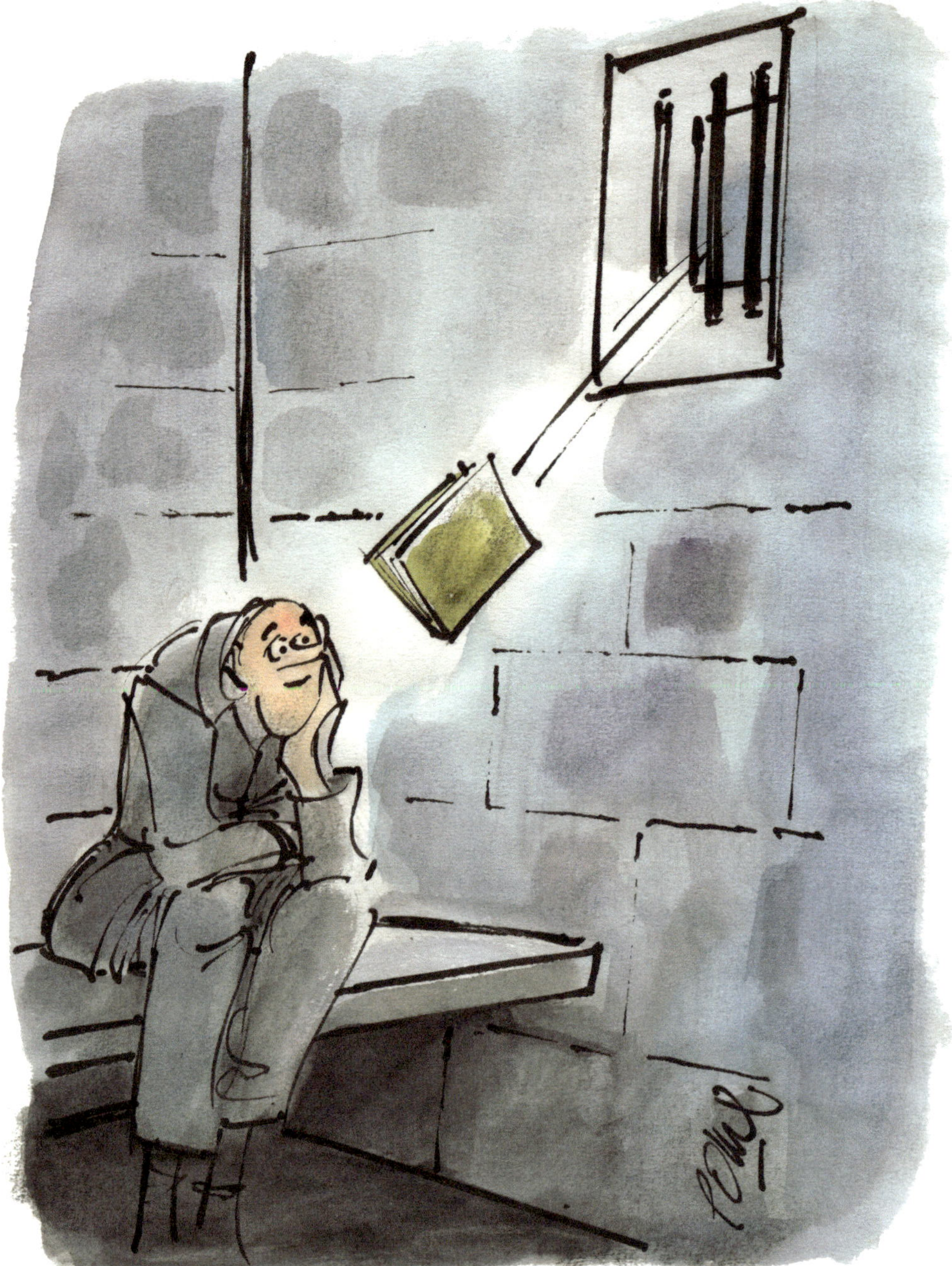

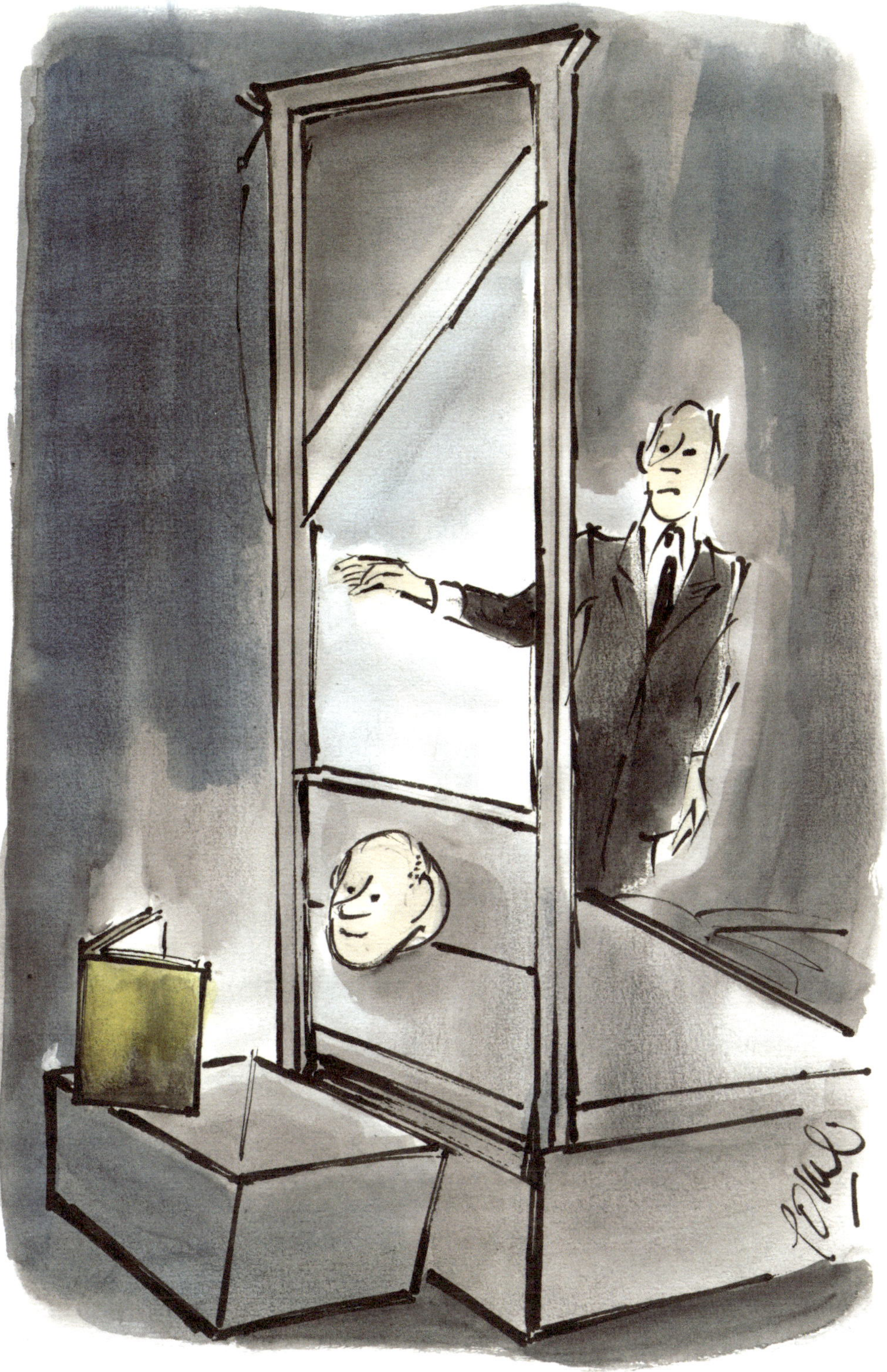

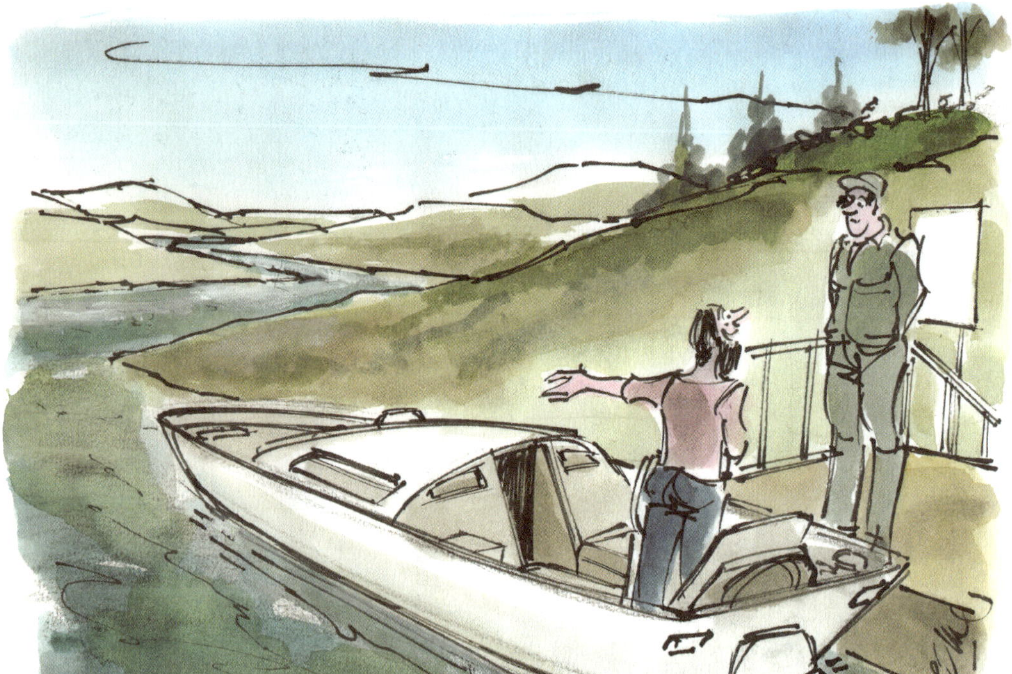

– J'embarque pour écrire un roman-fleuve.

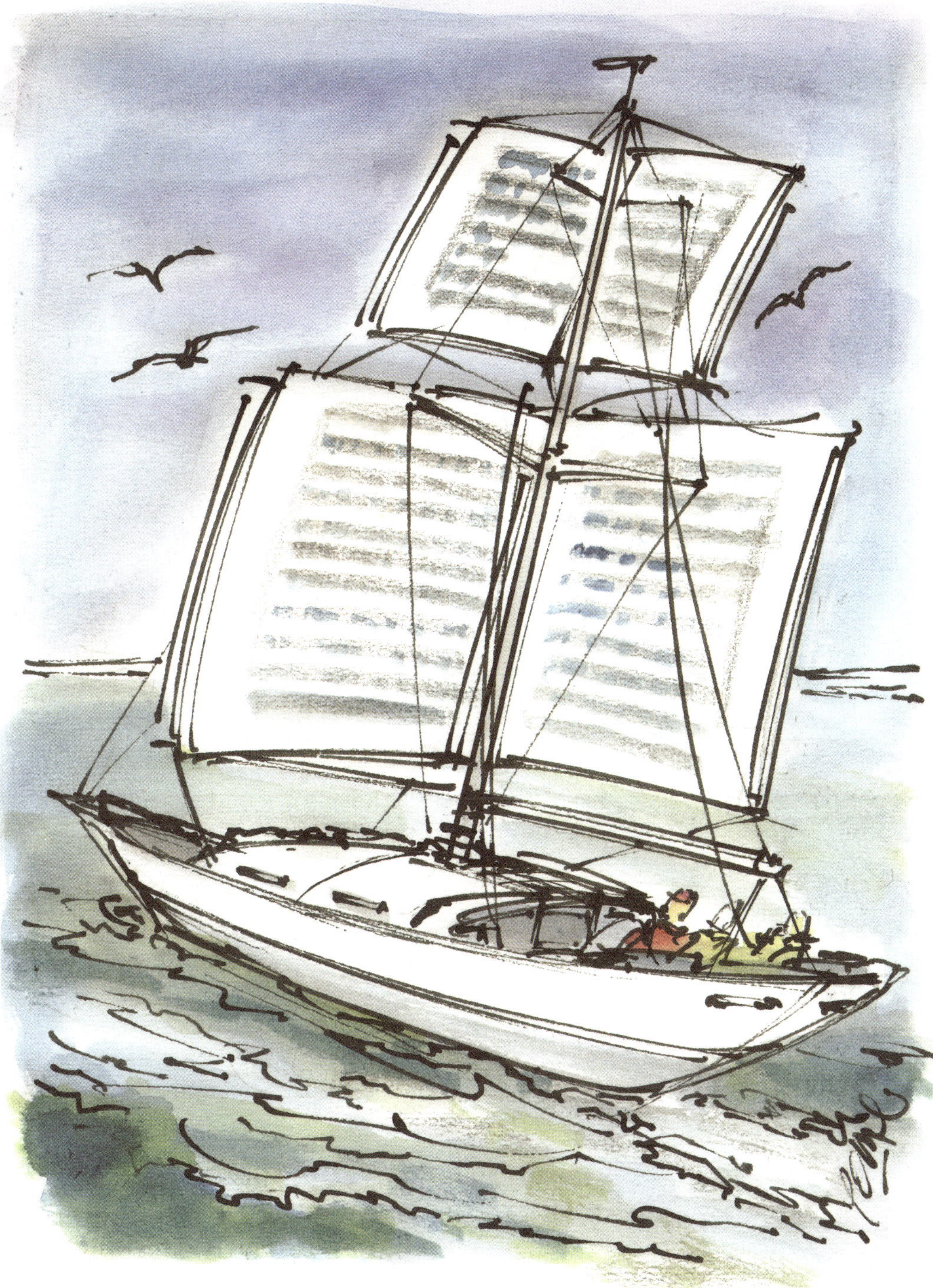

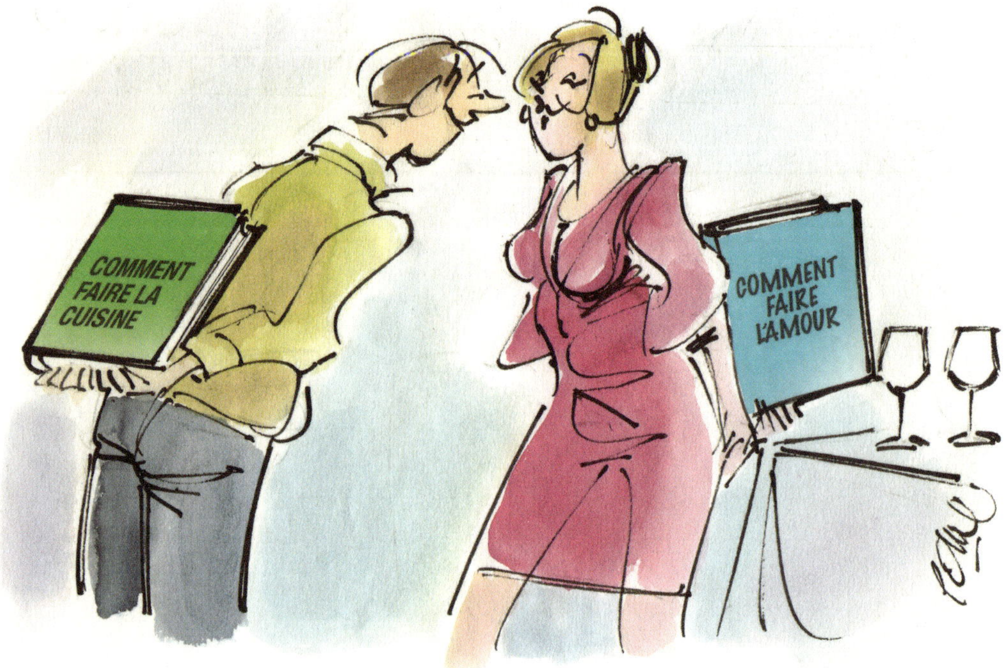

– J'ai une surprise pour toi.
– Moi aussi !

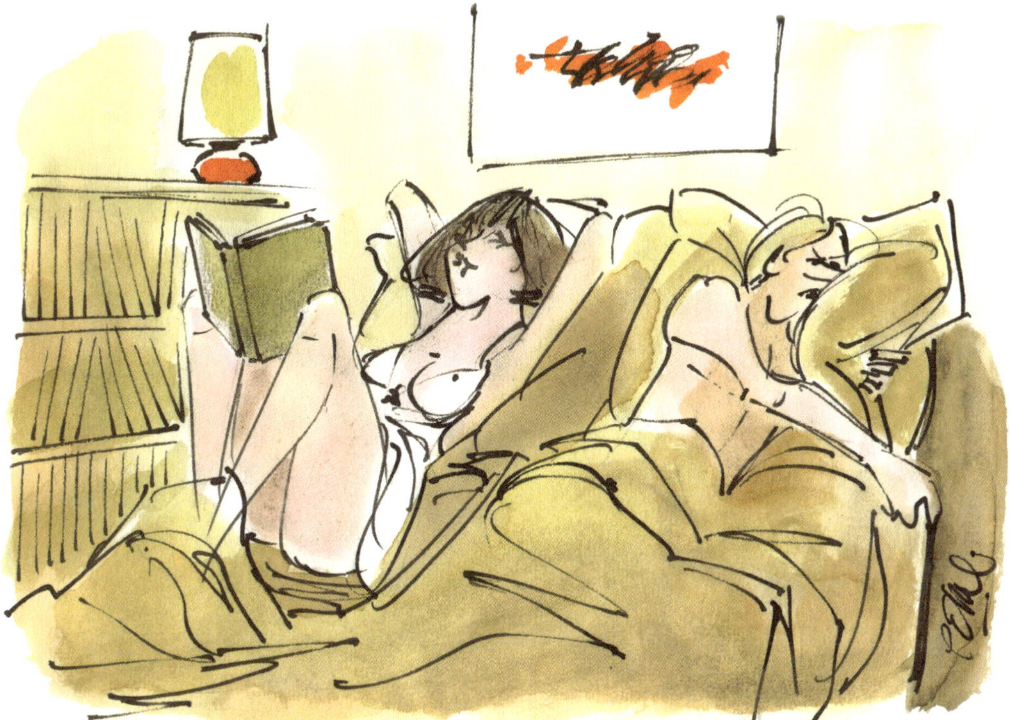

– C’était plus cool quand tu prenais la pilule !

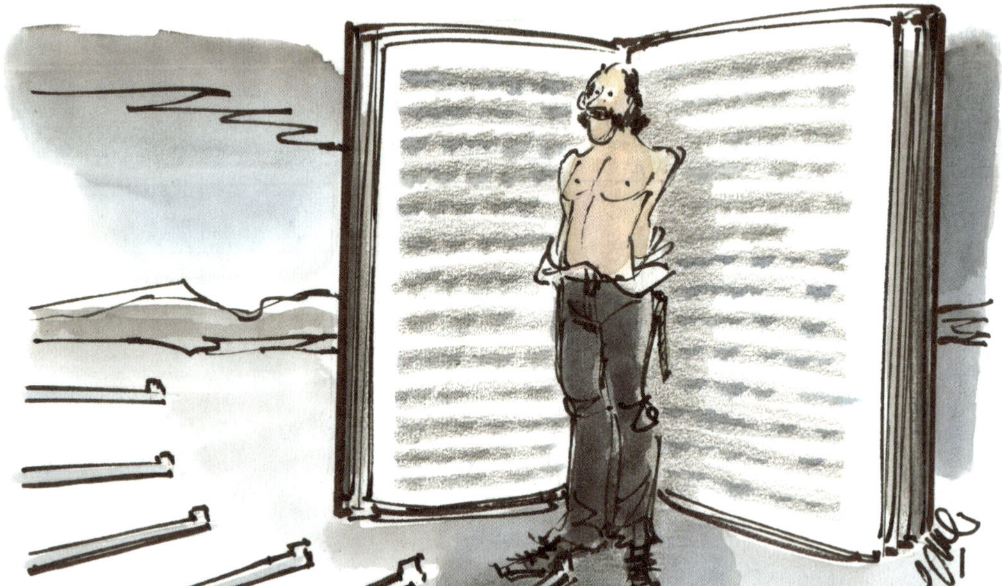

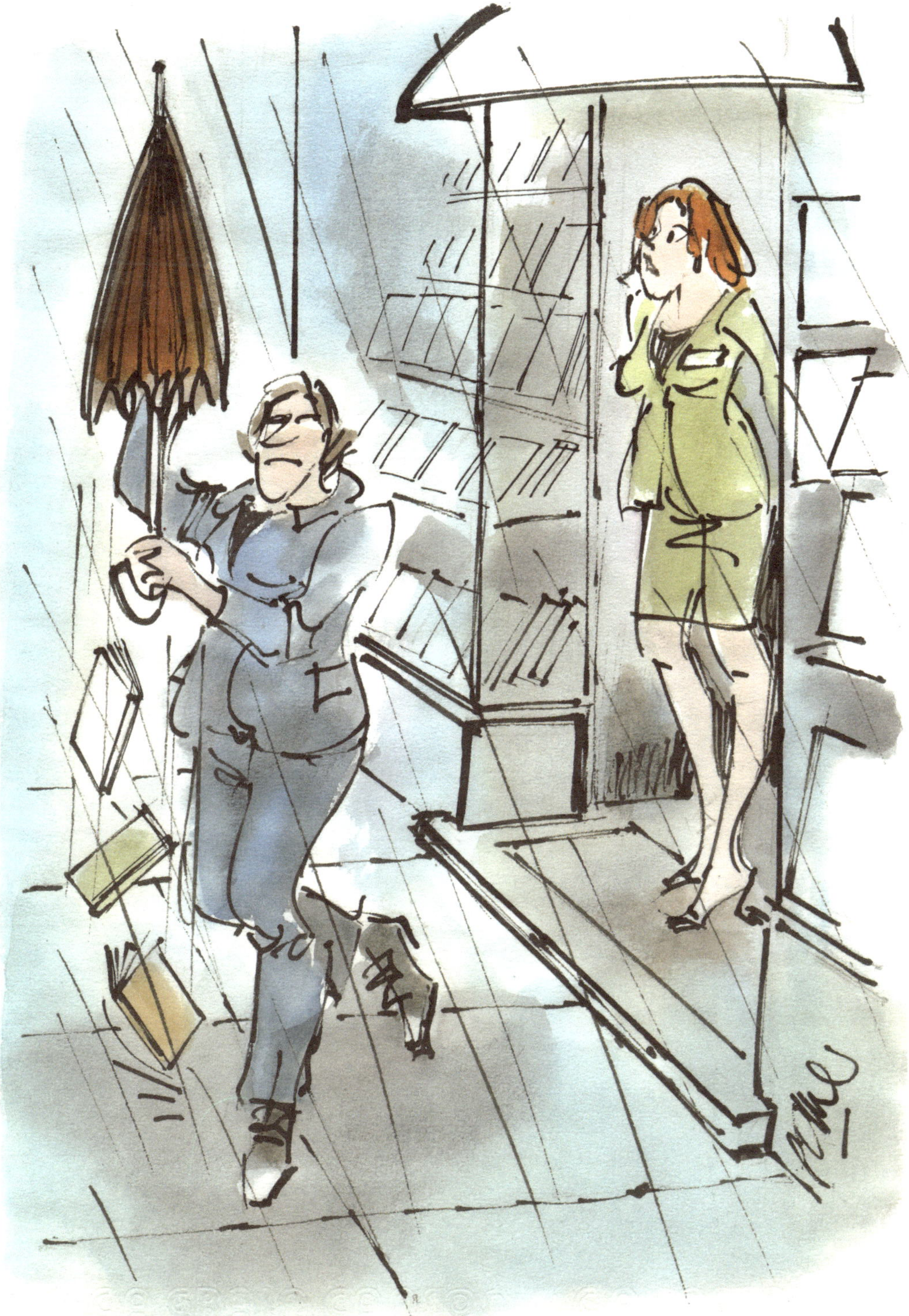

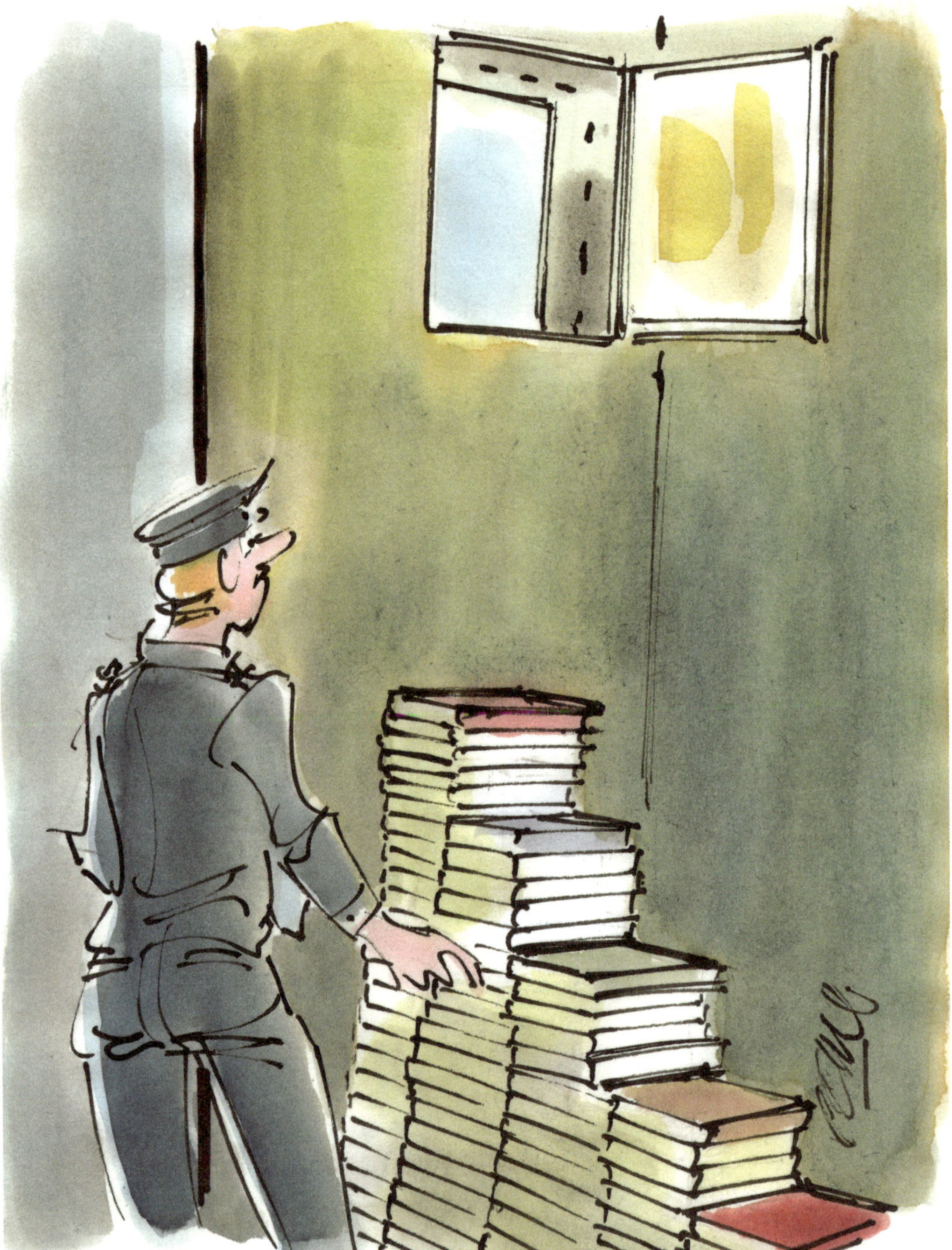

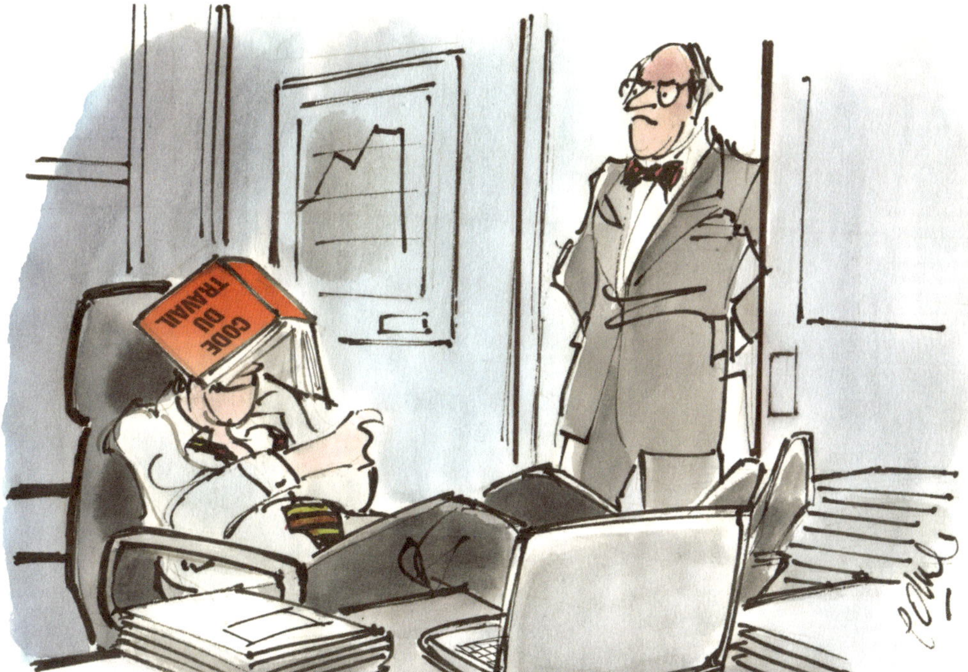
CODE
DU
TRAVAIL

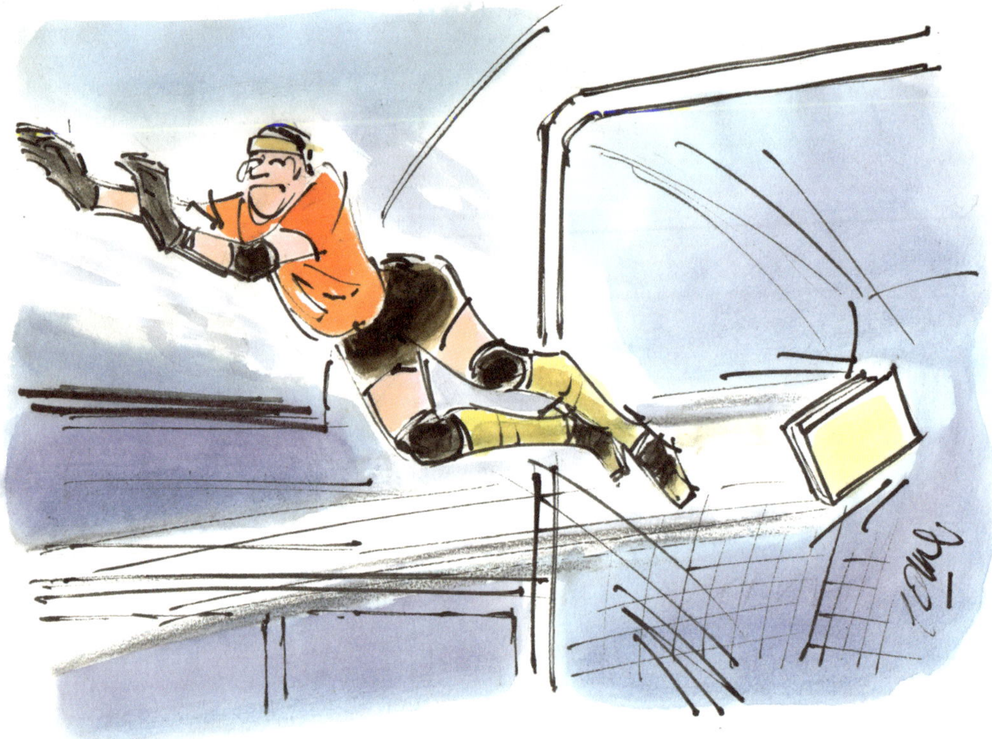

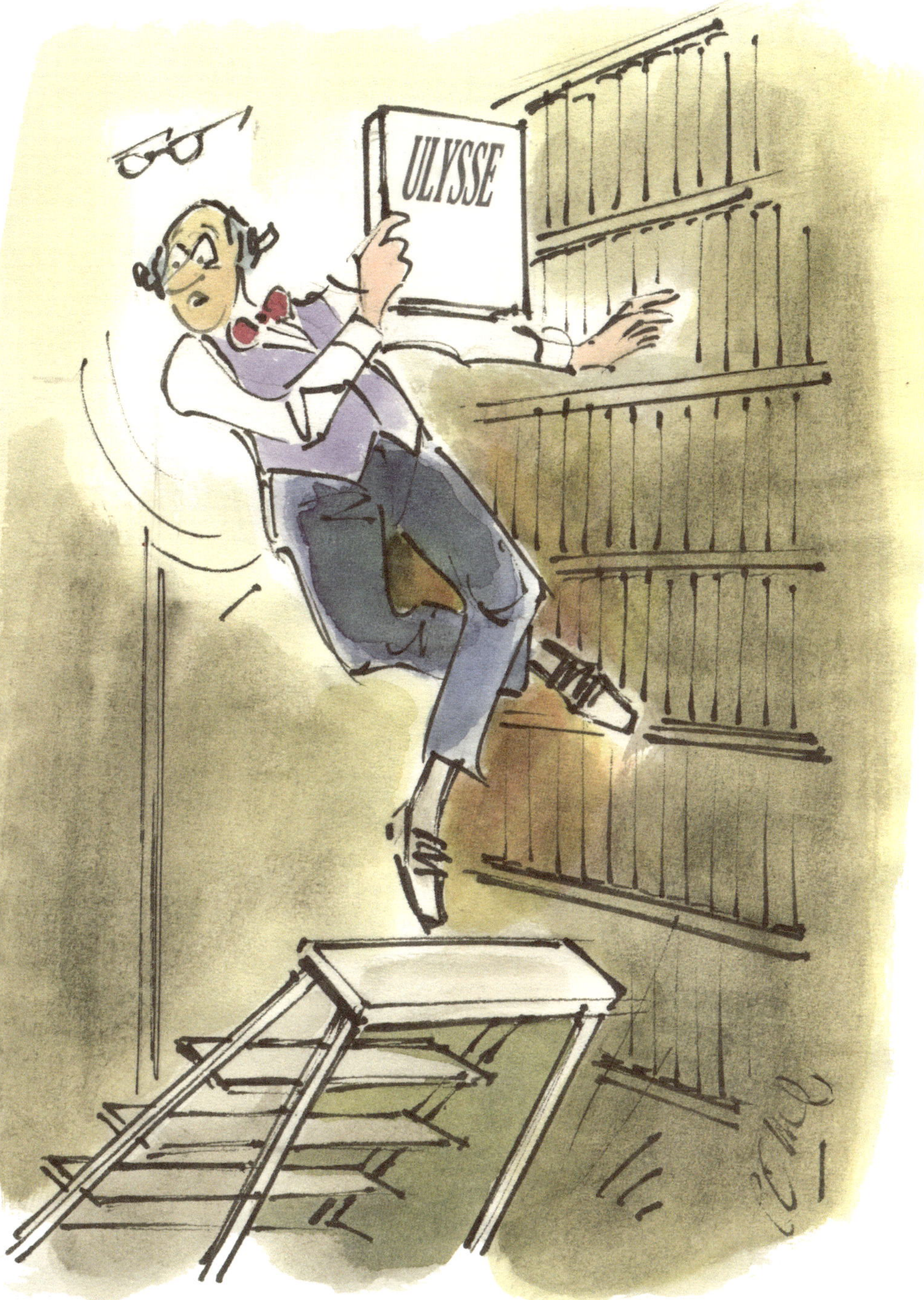

– Homère alors !

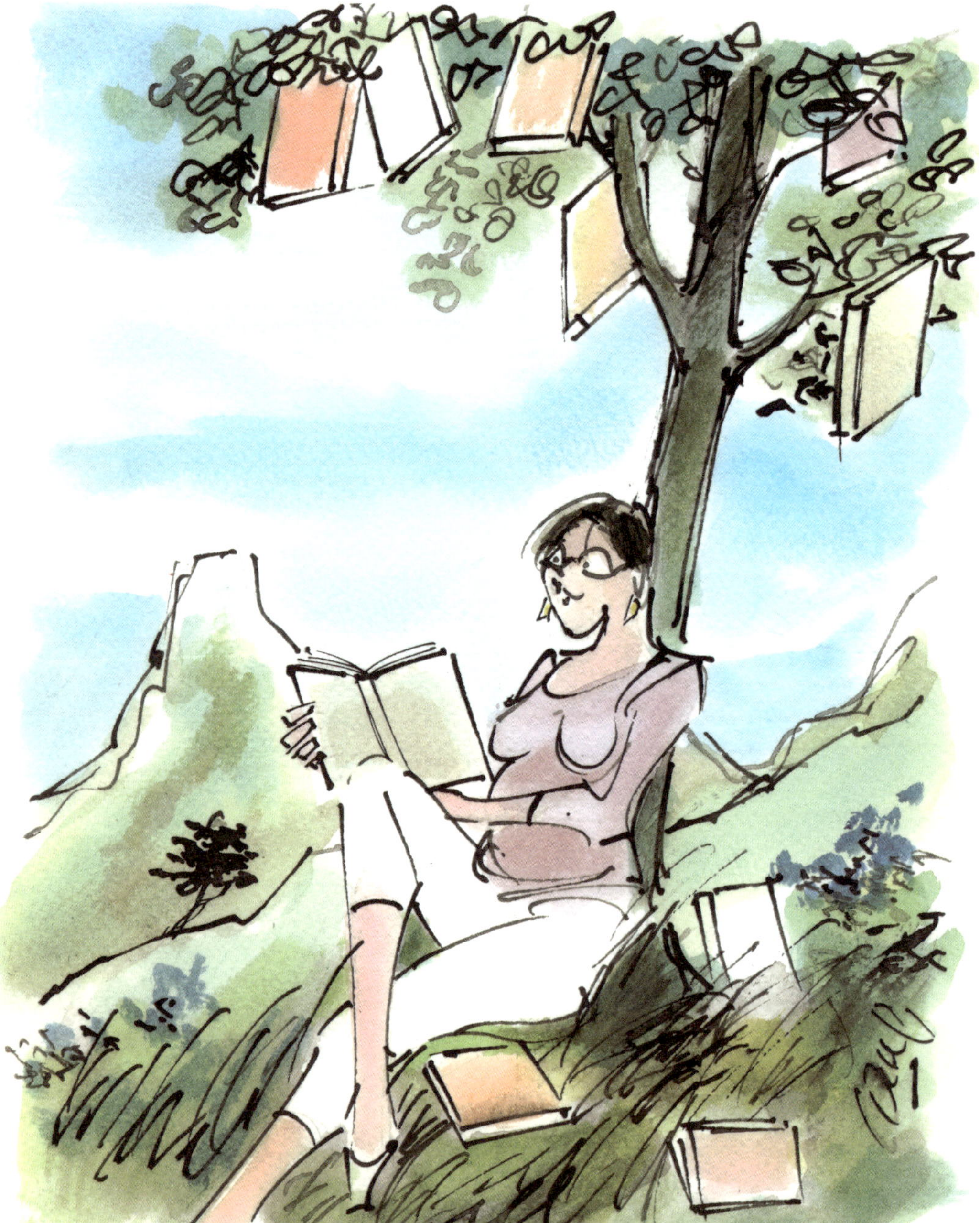

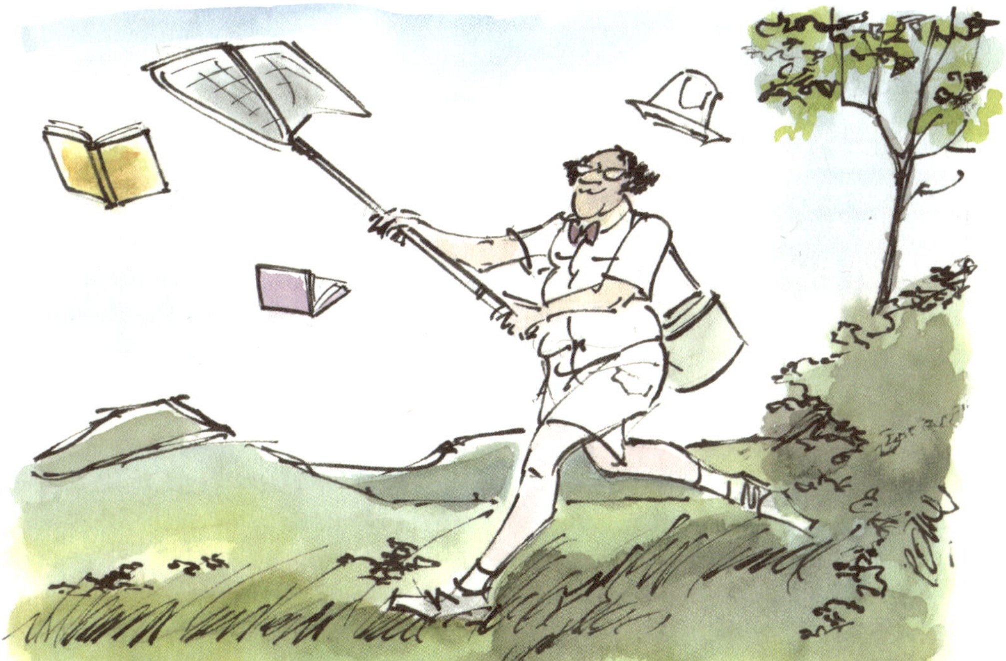

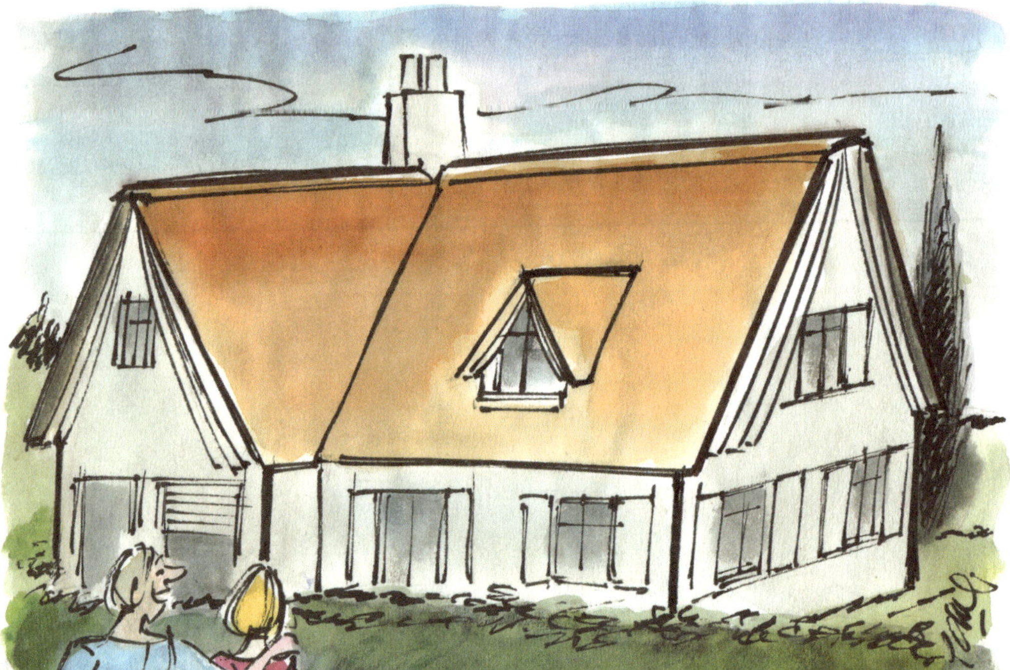

– Elle est habitée par un écrivain !

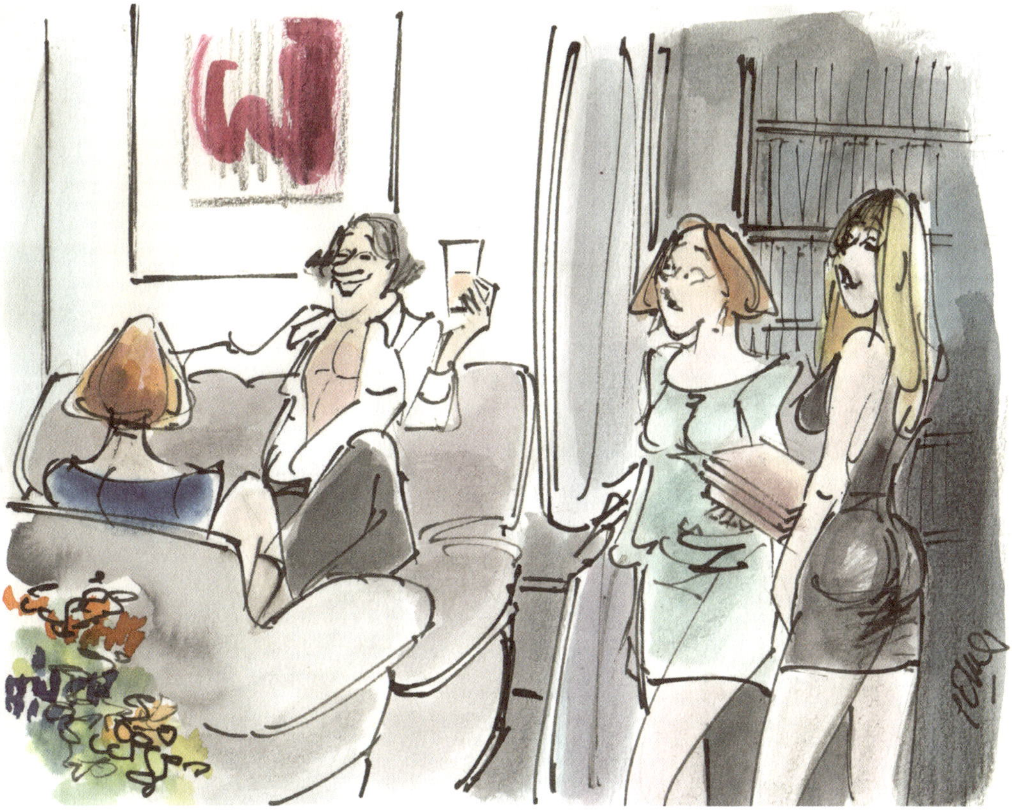

– Il est infidèle, obsédé, pervers, sans scrupules, menteur, perfide, sournois… et la source inépuisable d'inspiration pour mes romans !

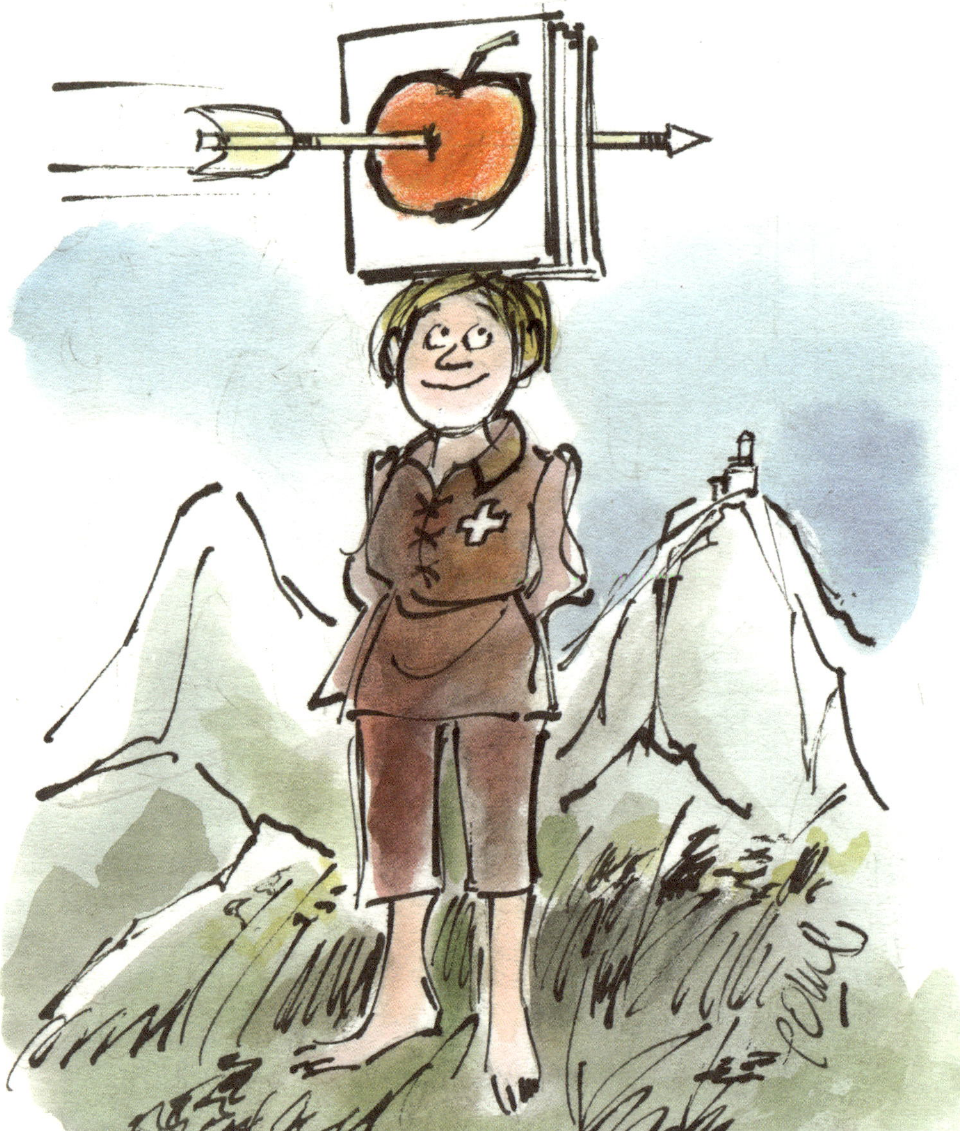

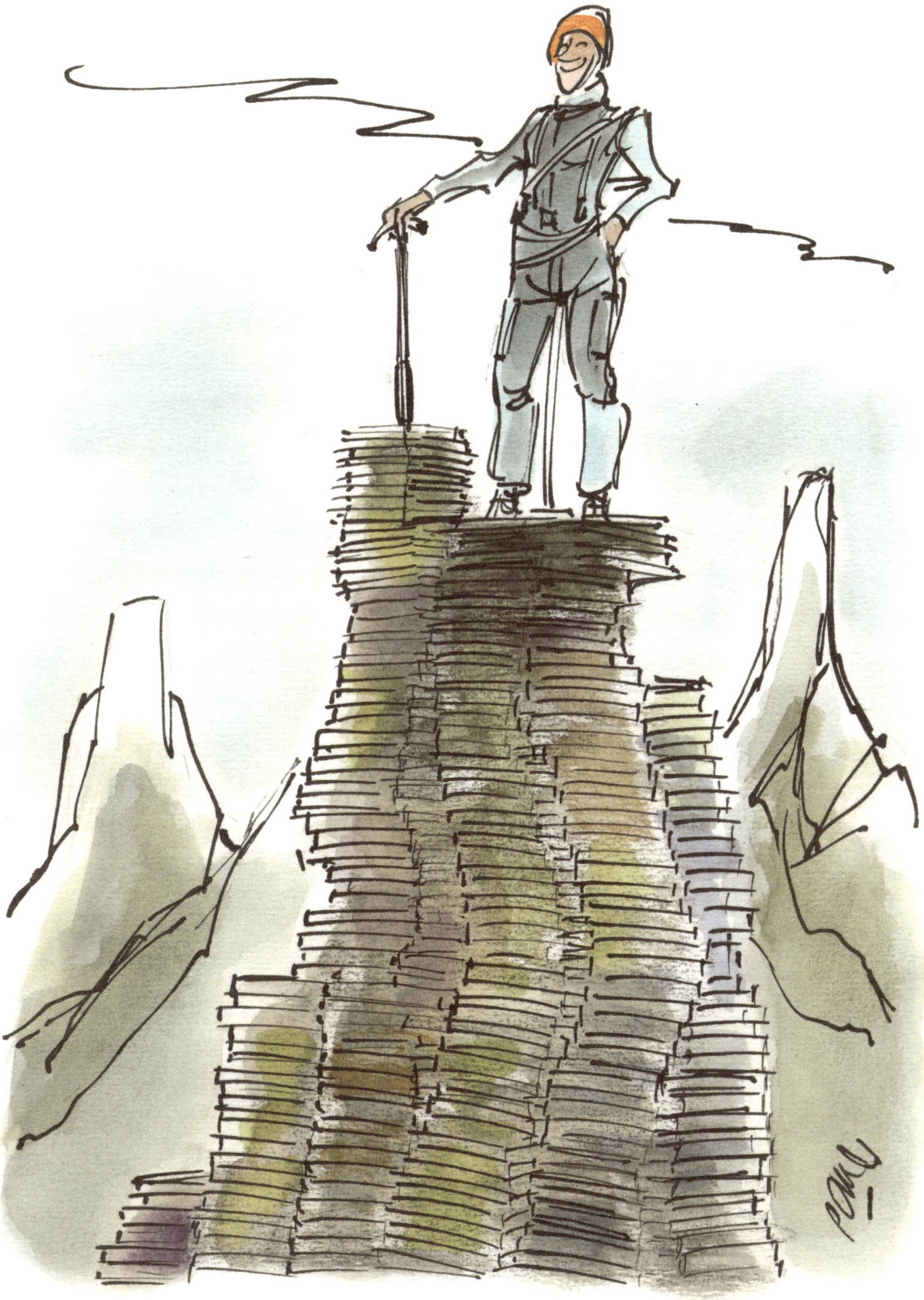

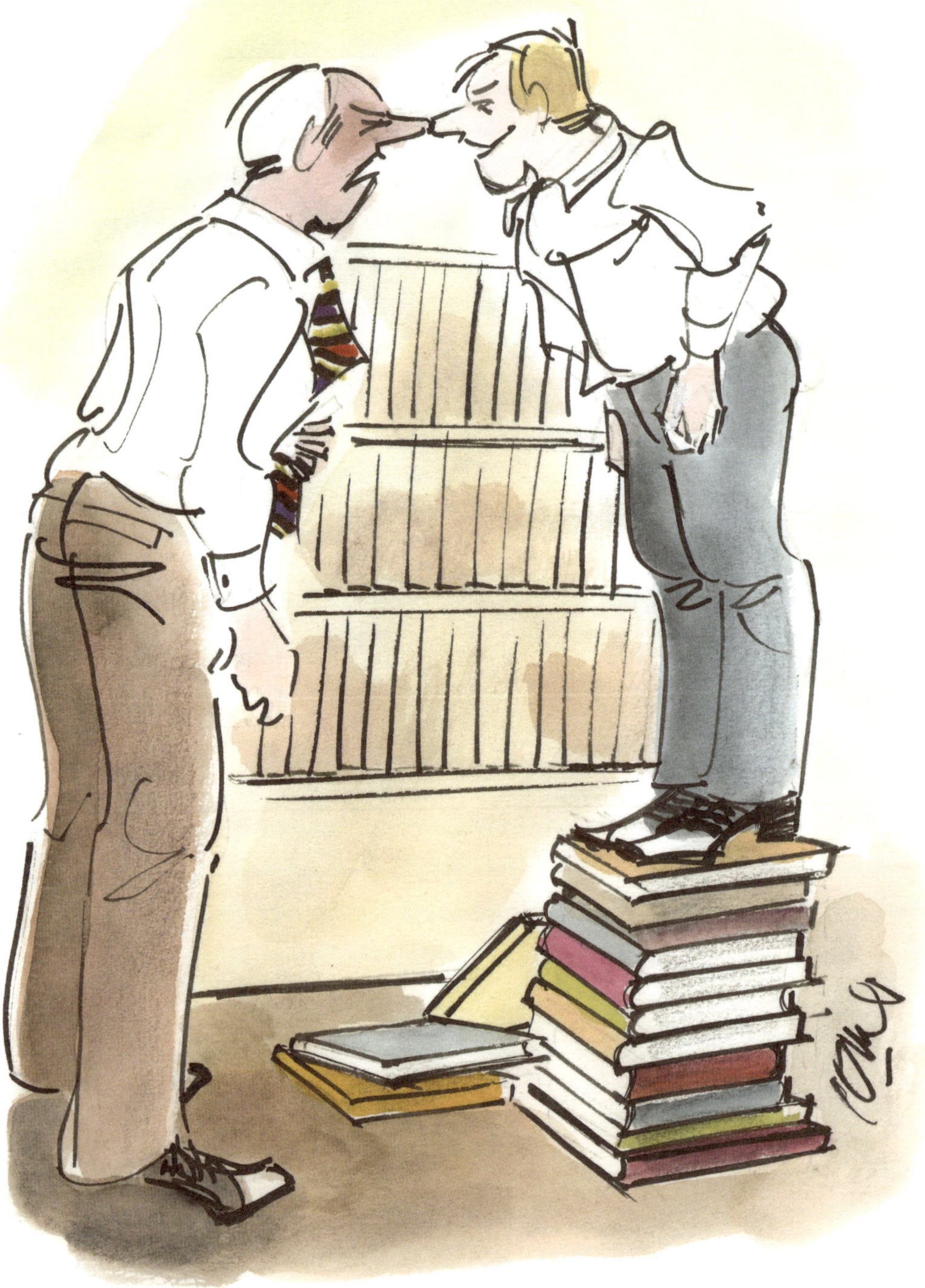

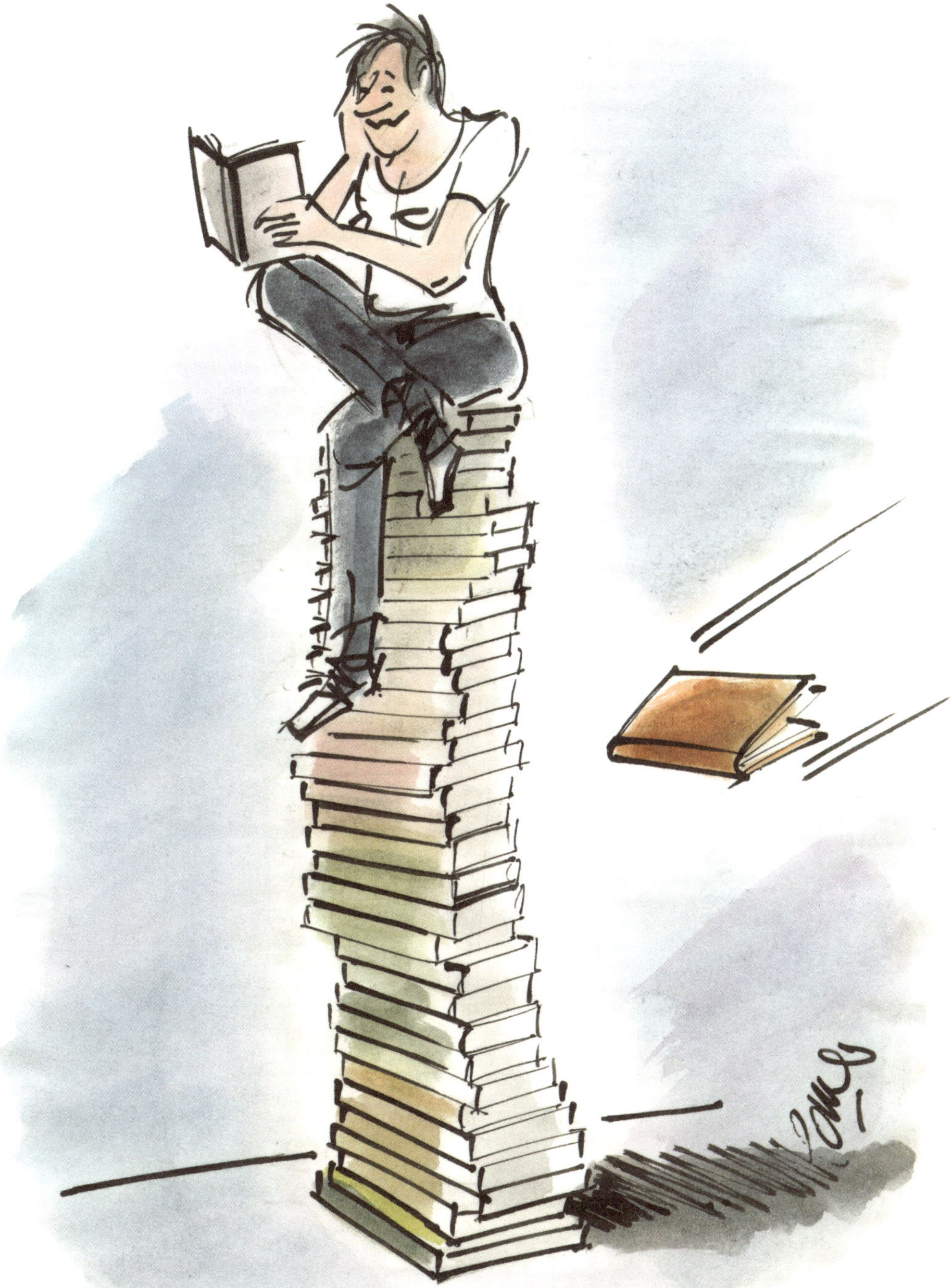

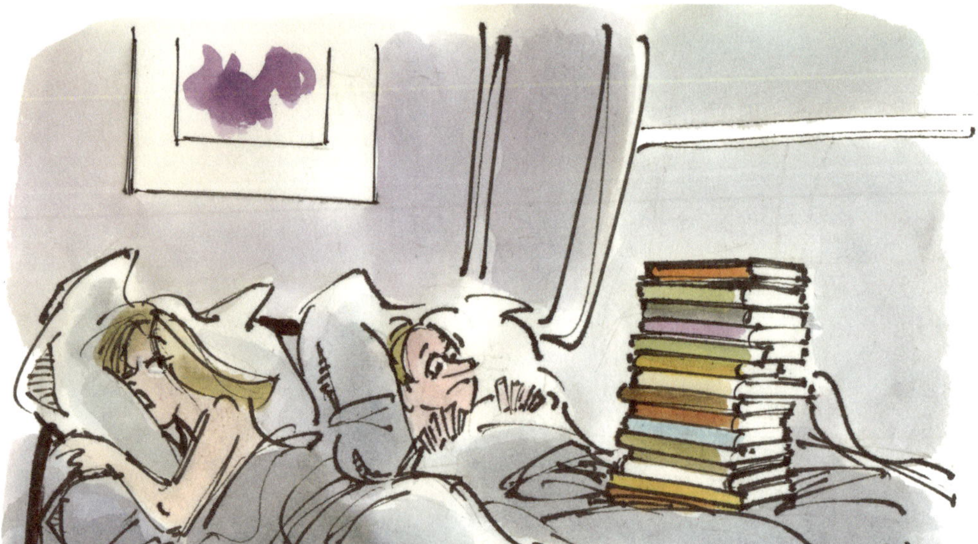

– Maintenant, fiche-moi la paix !

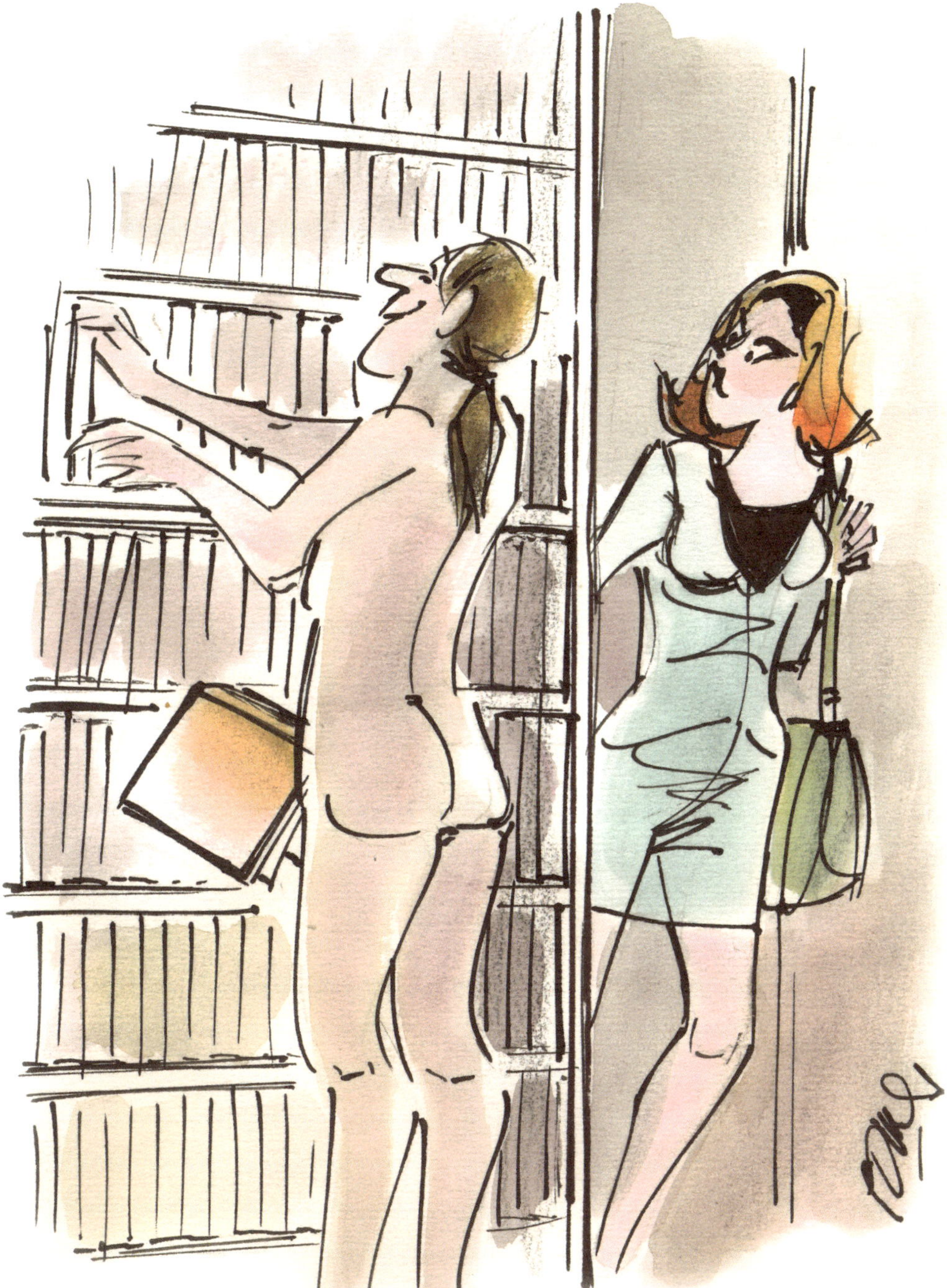

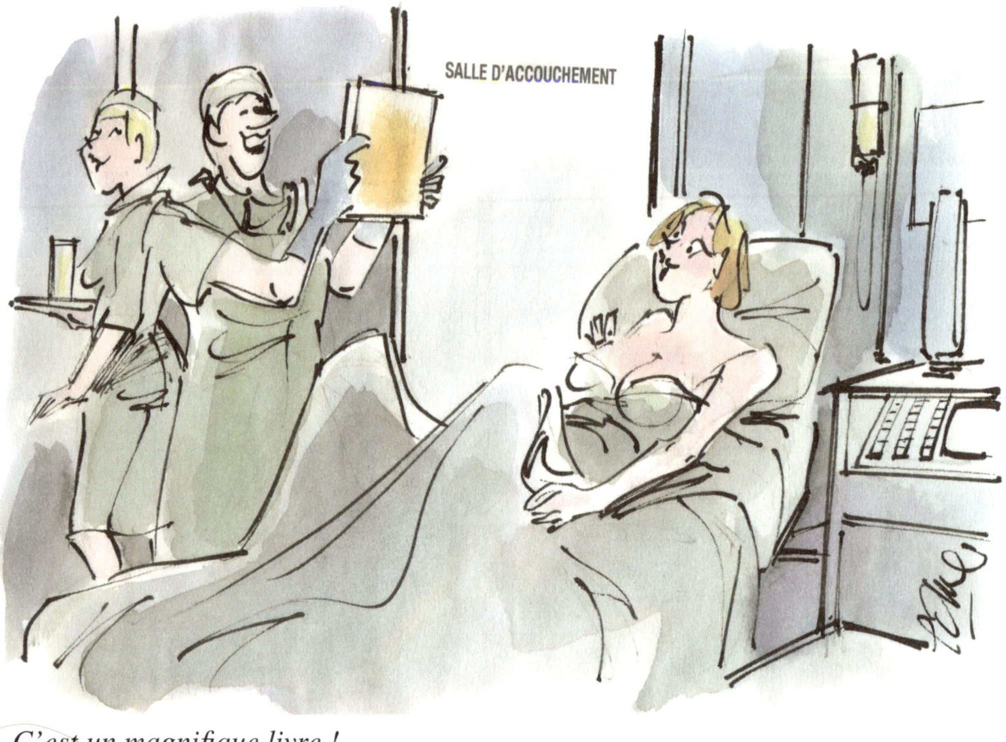

– *C'est un magnifique livre !*

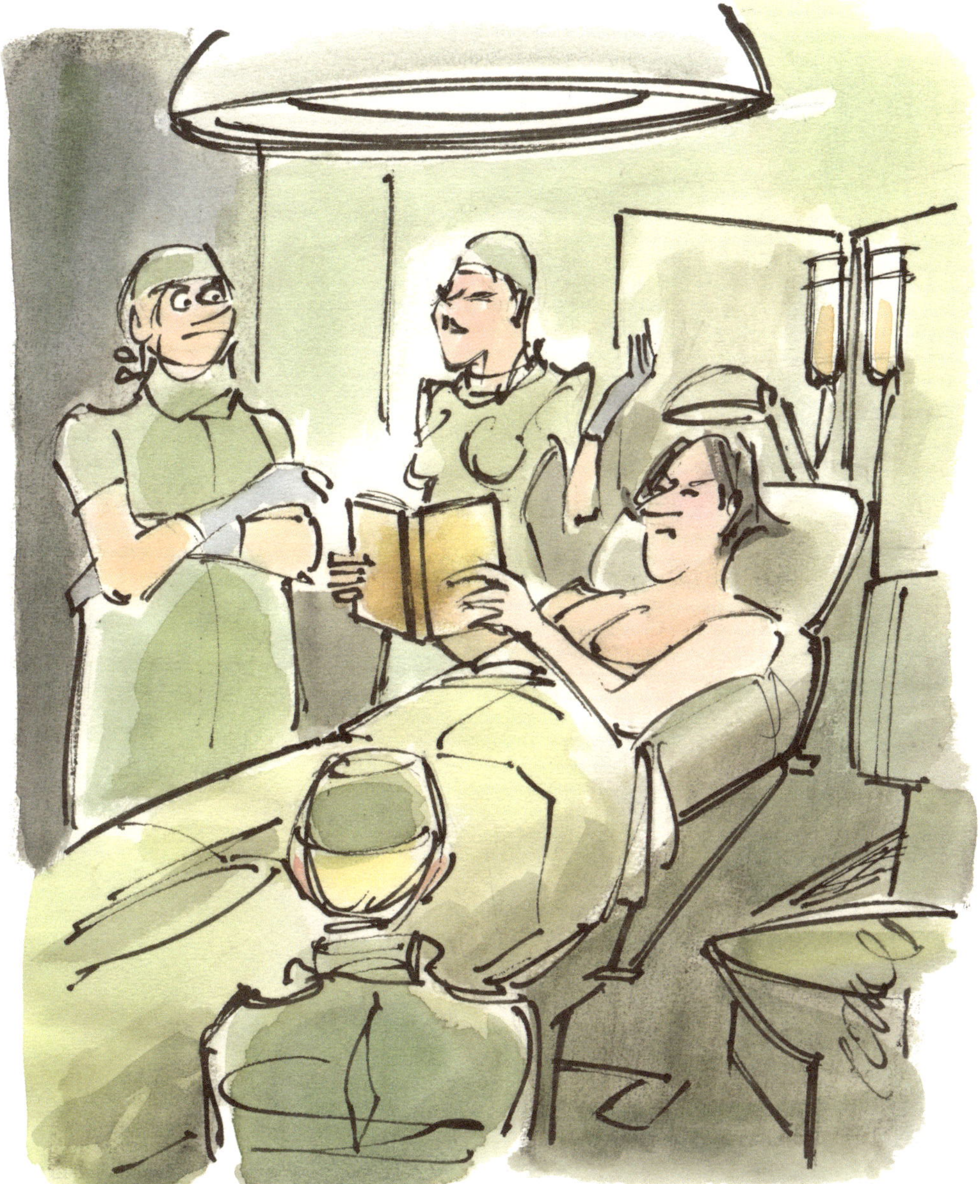

– Il prétend ne pouvoir s'endormir qu'en lisant.

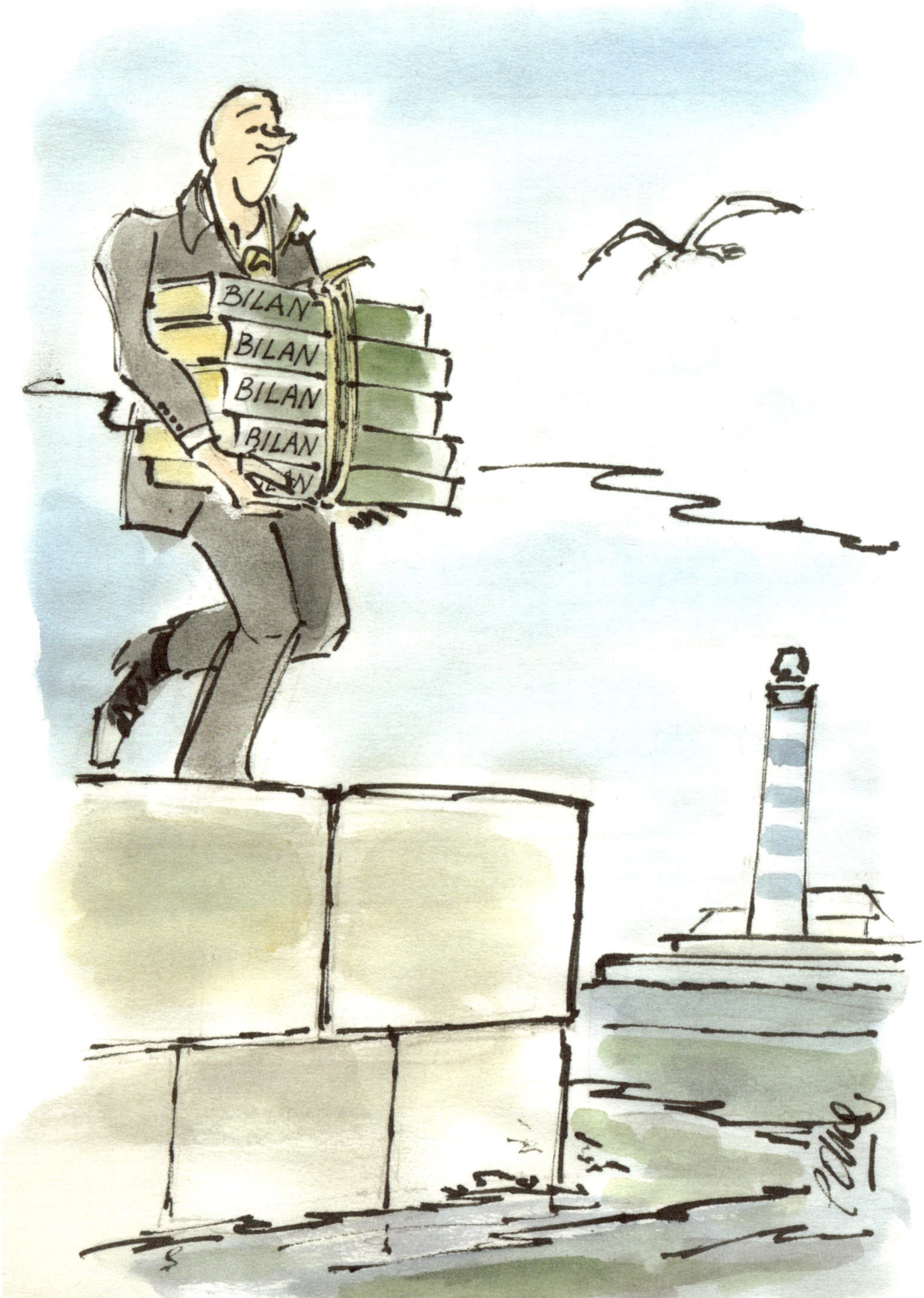
BILAN
BILAN
BILAN
BILAN

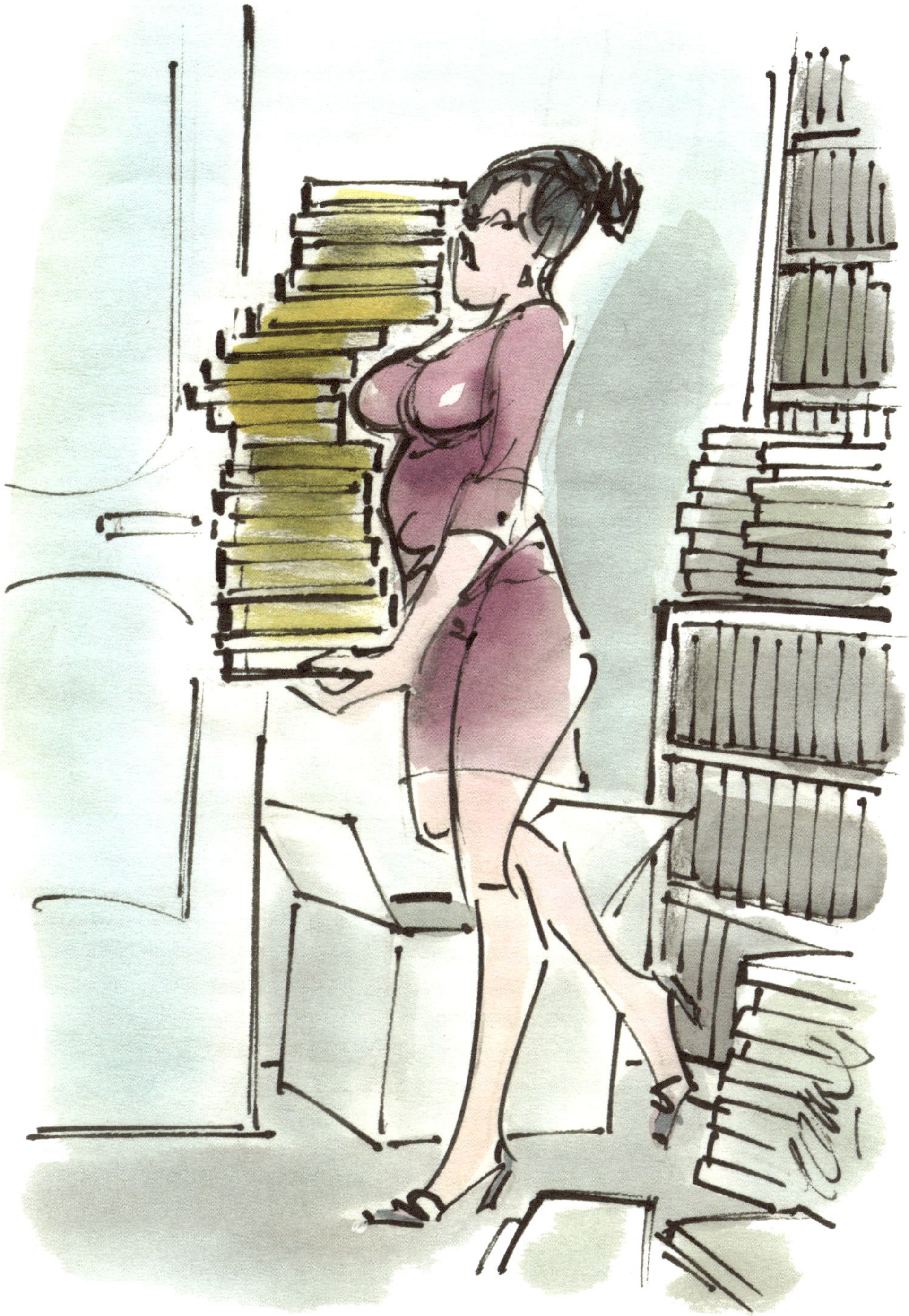

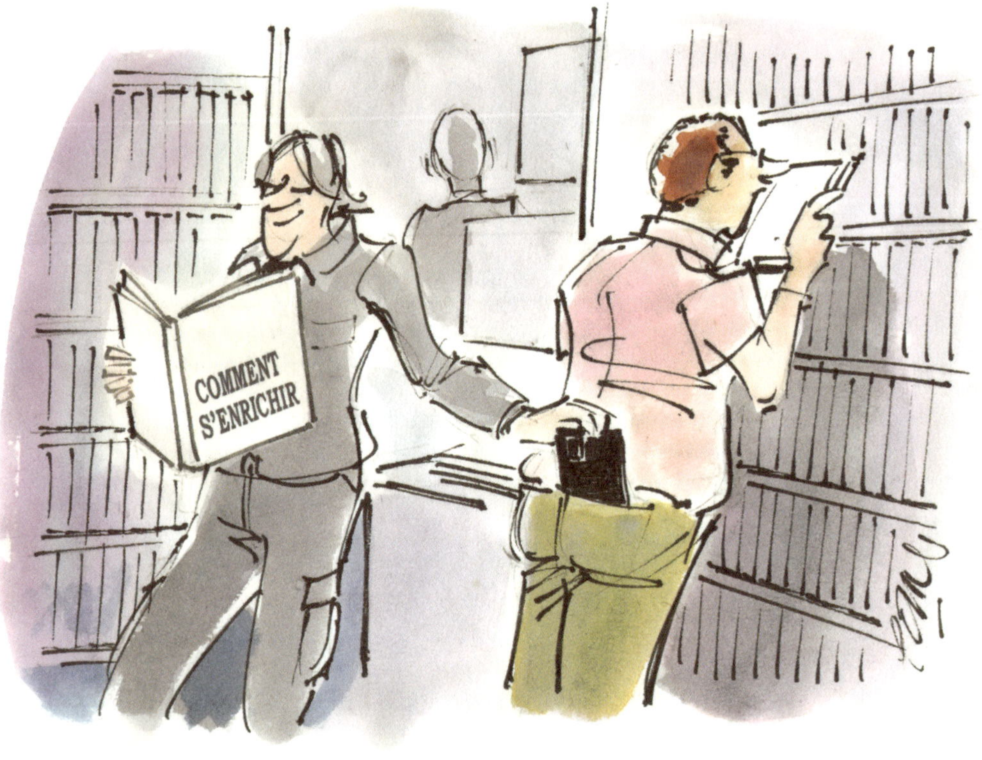
COMMENT
S'ENRICHIR

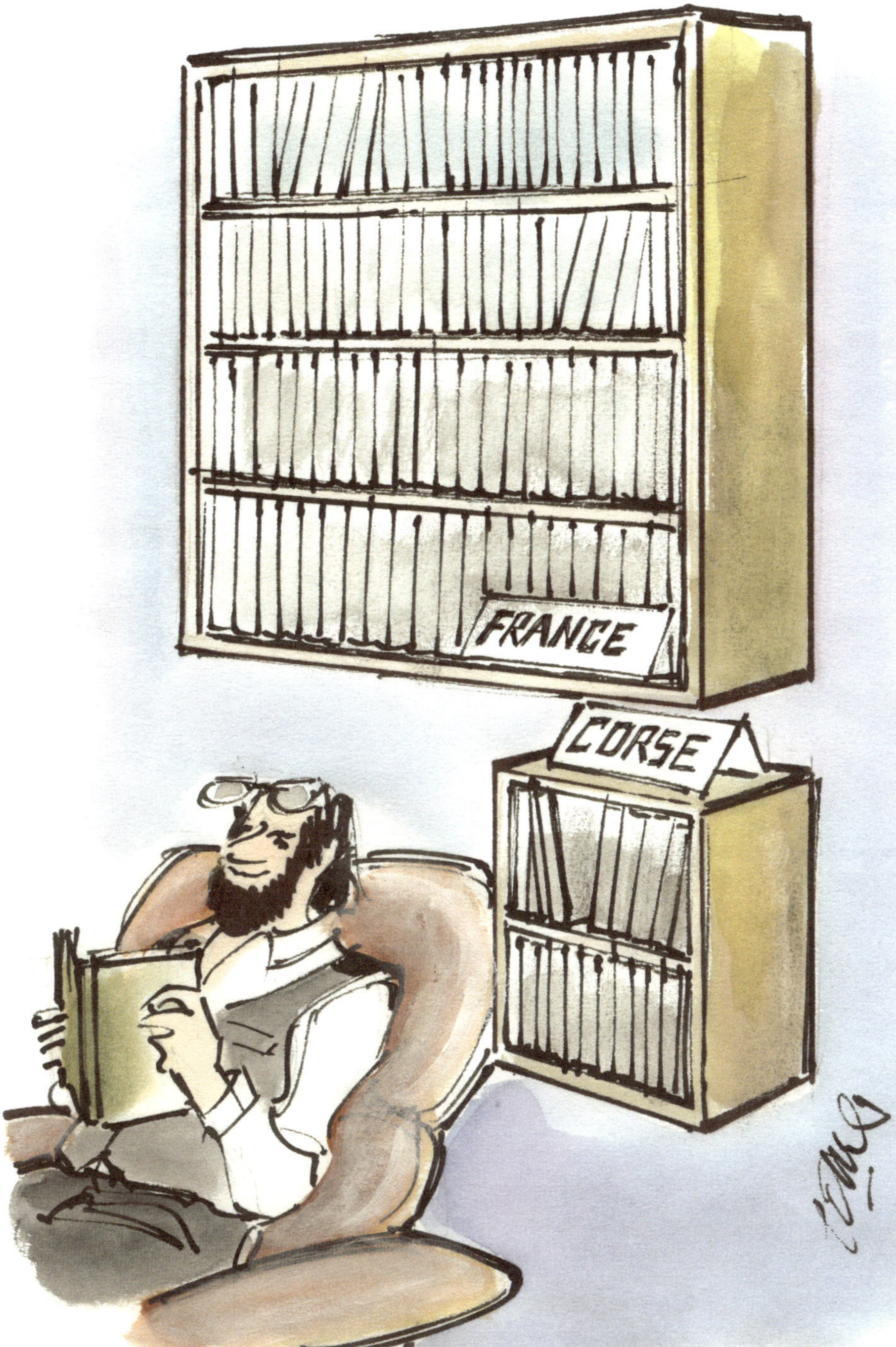
FRANCE
CORSE

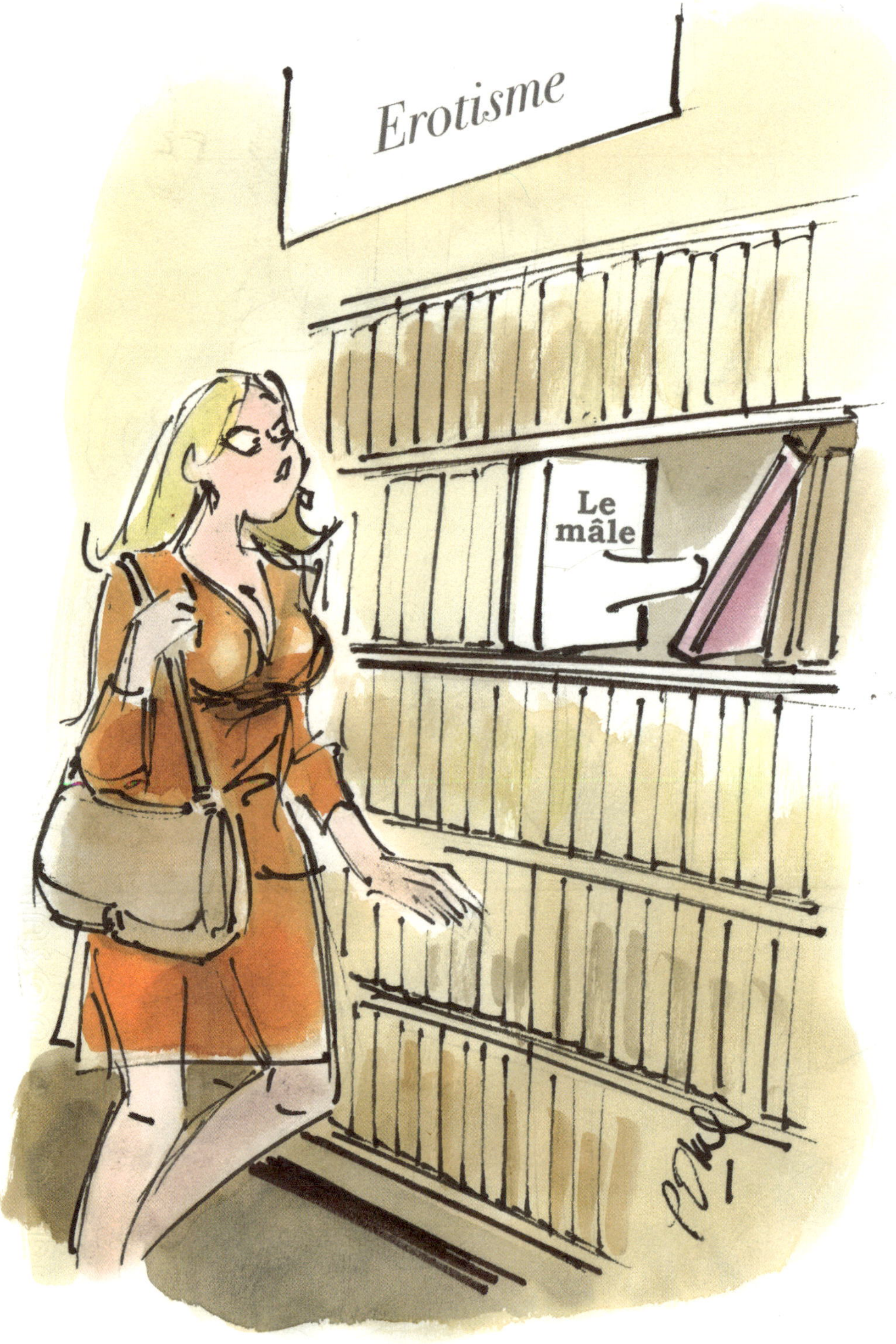
Erotisme
Le mâle

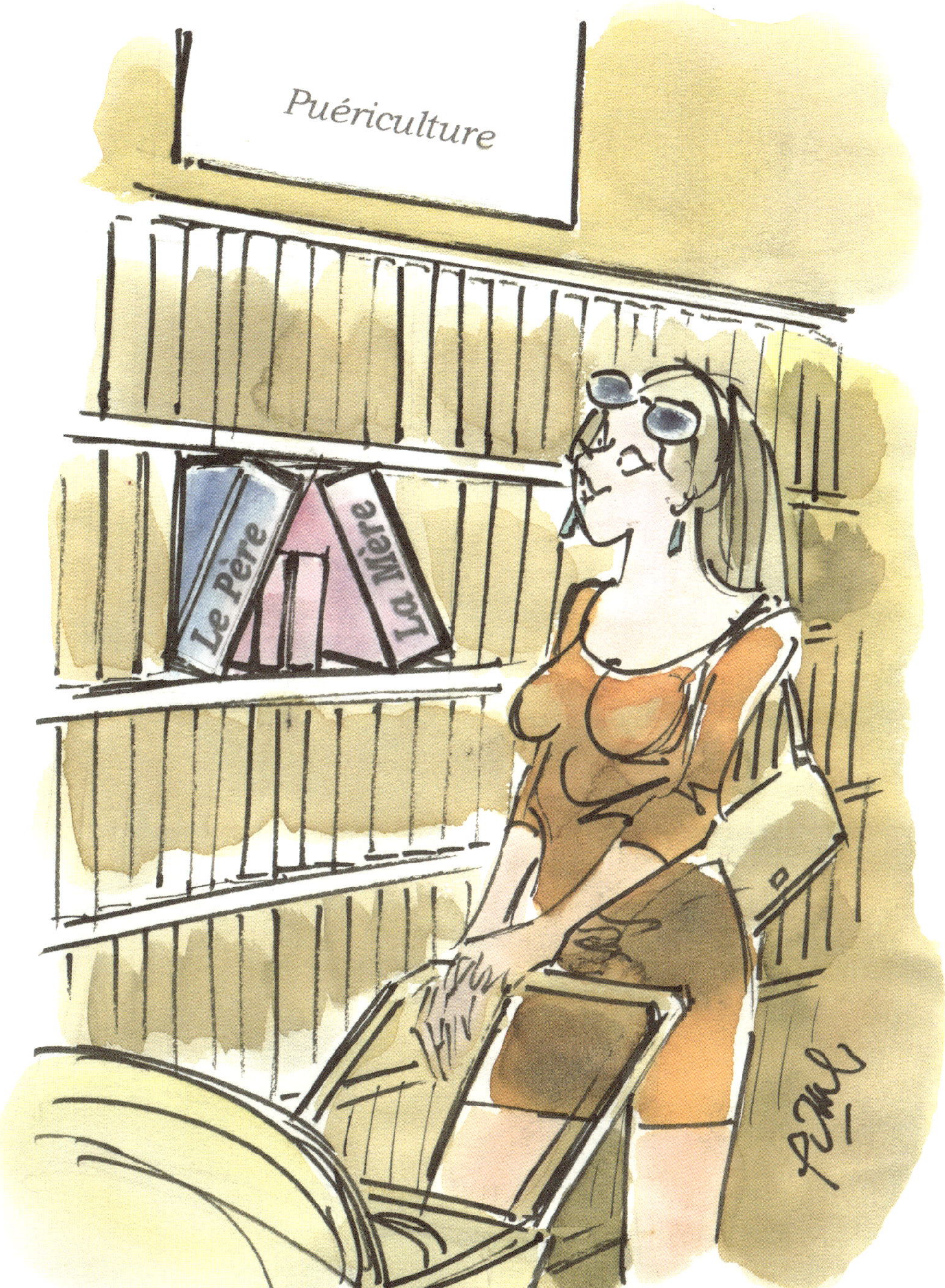
Puériculture
Le Père
La Mère

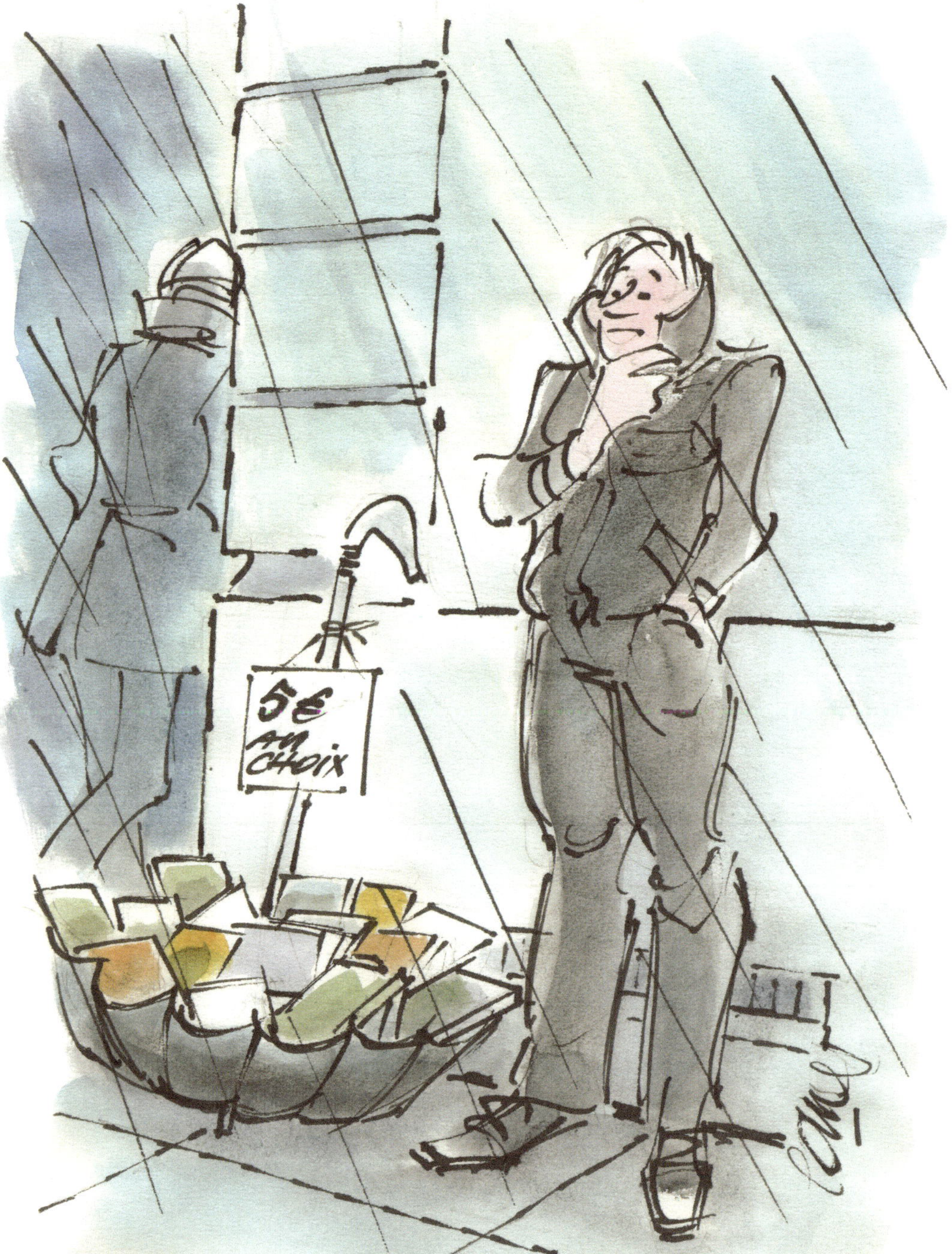
5€
AU CHOIX

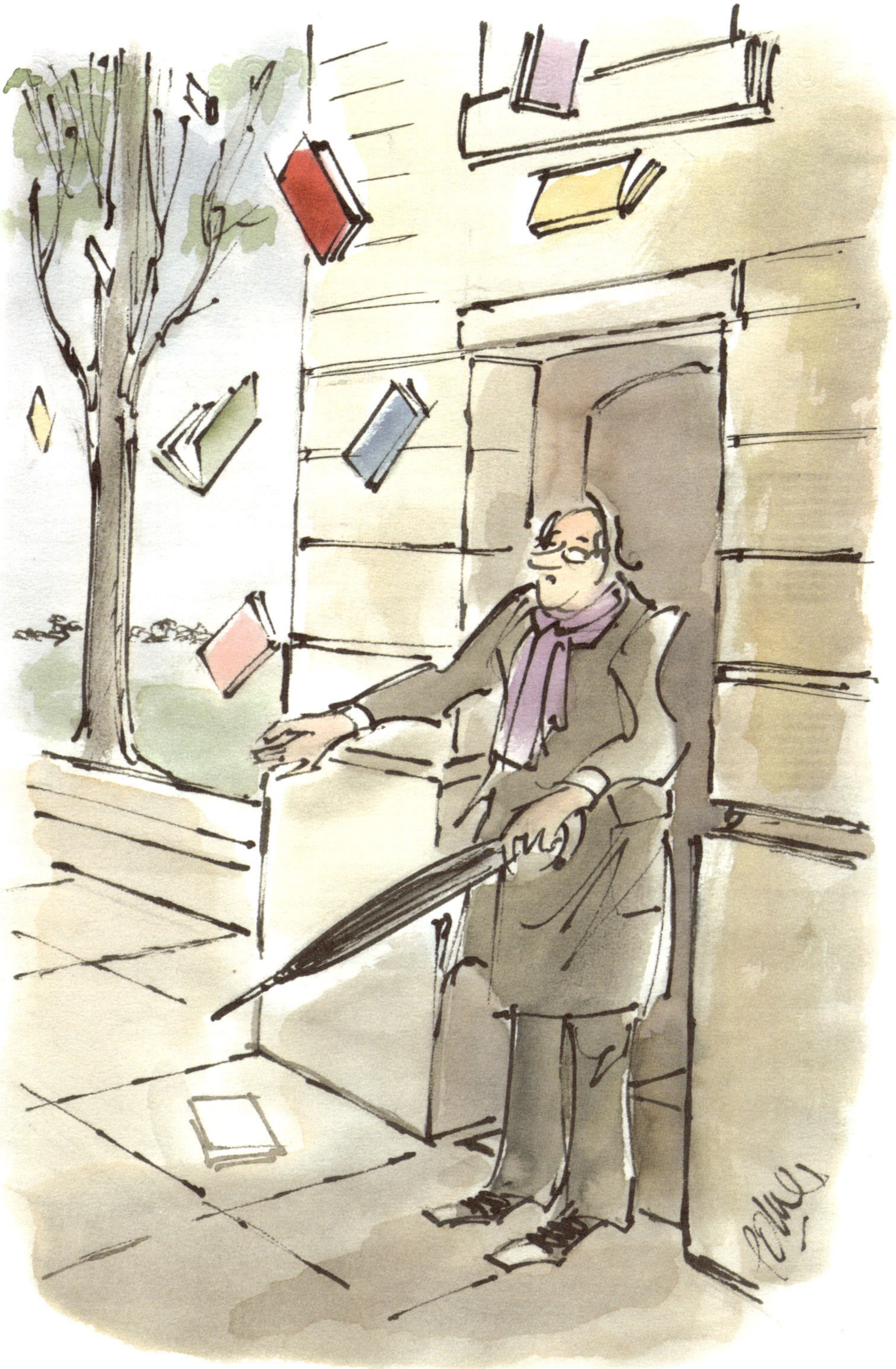

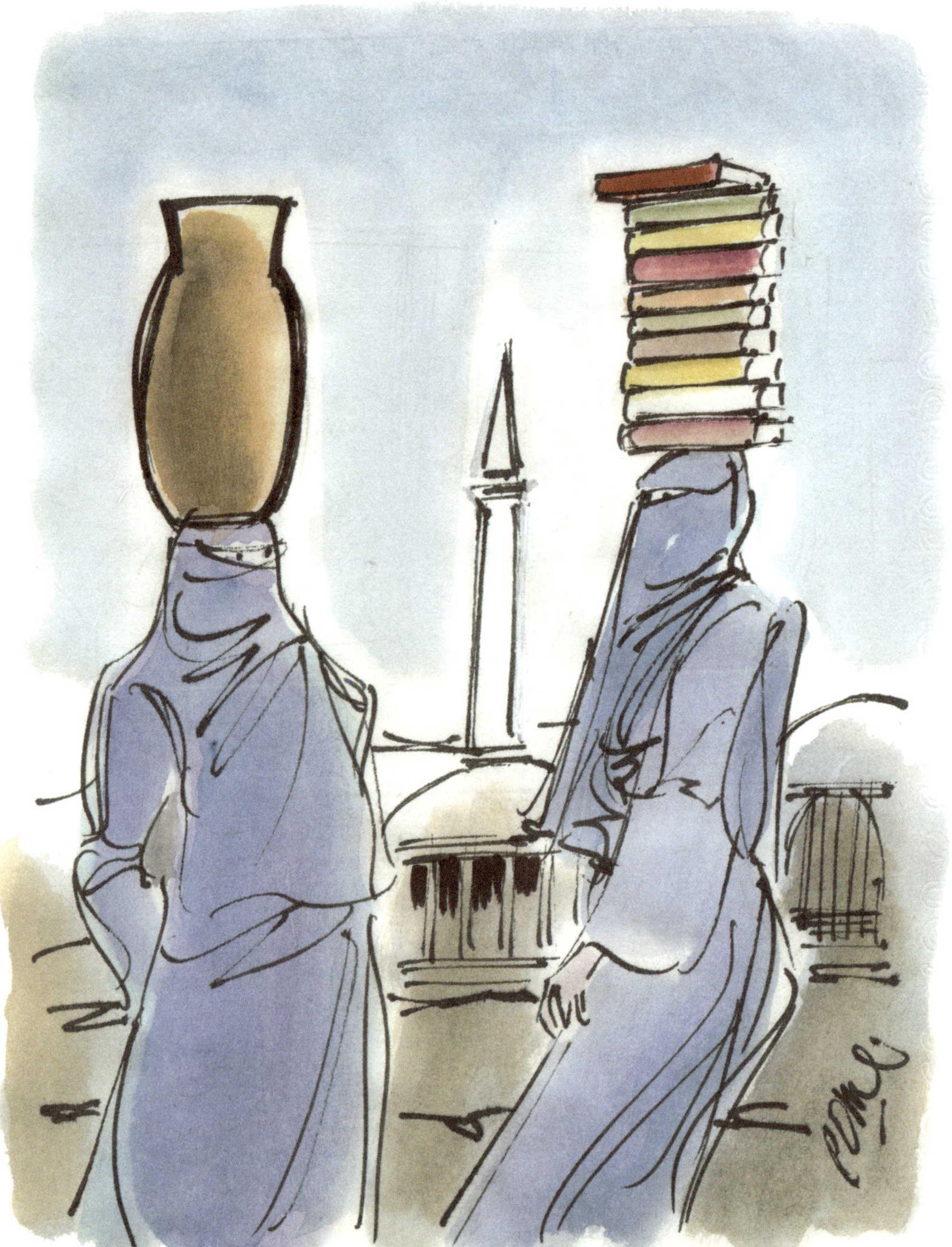

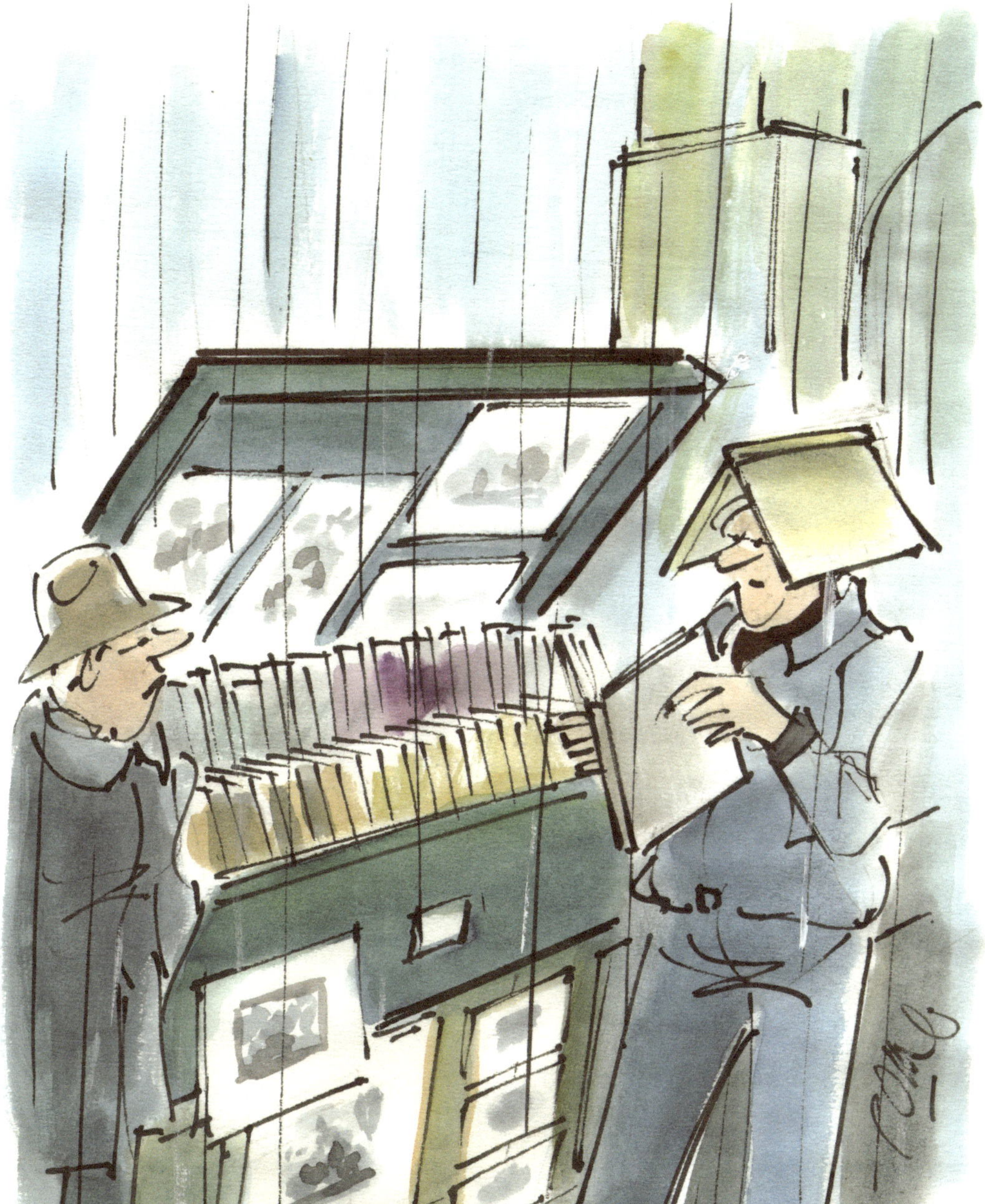

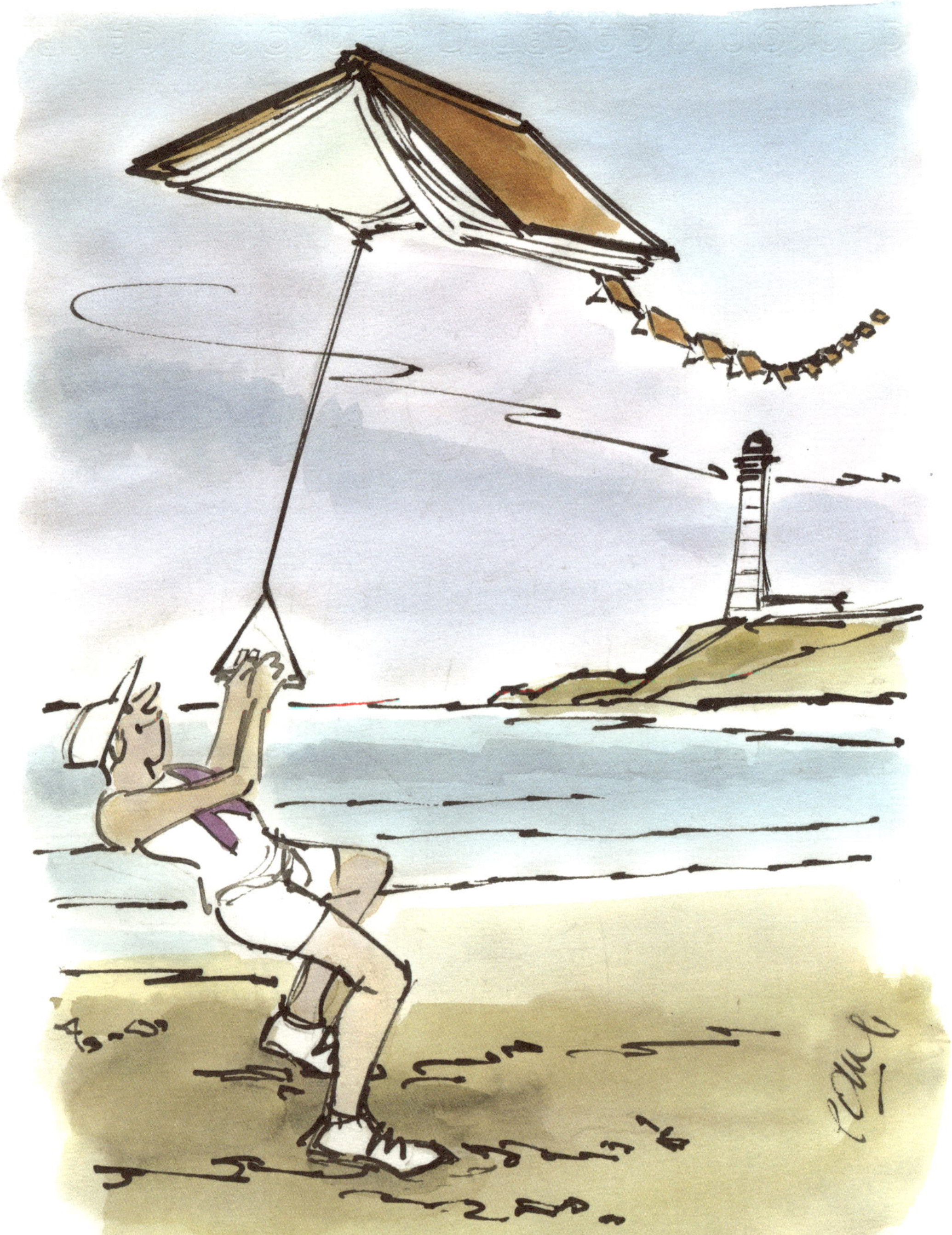

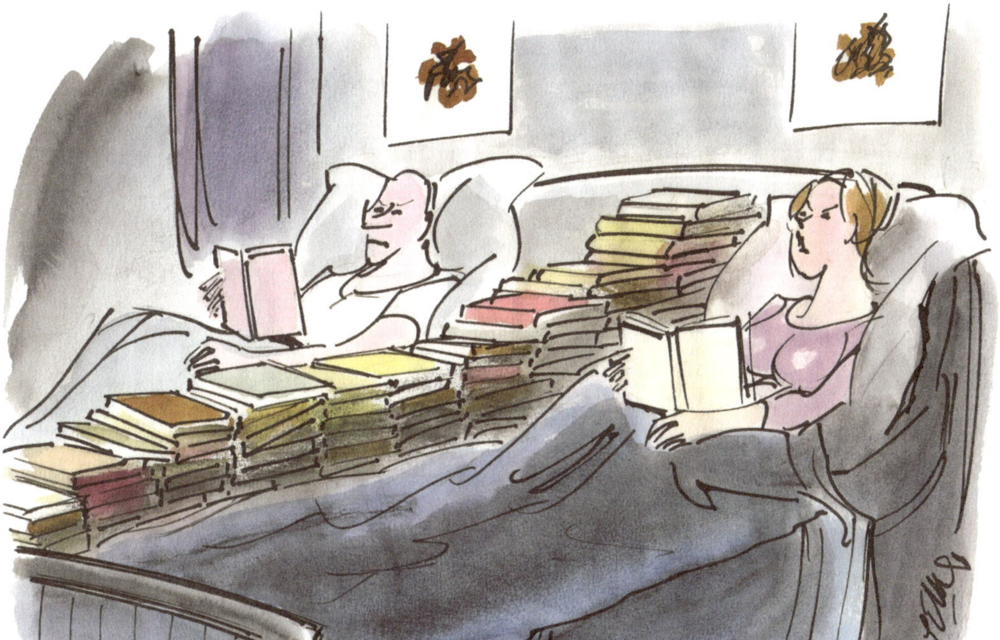

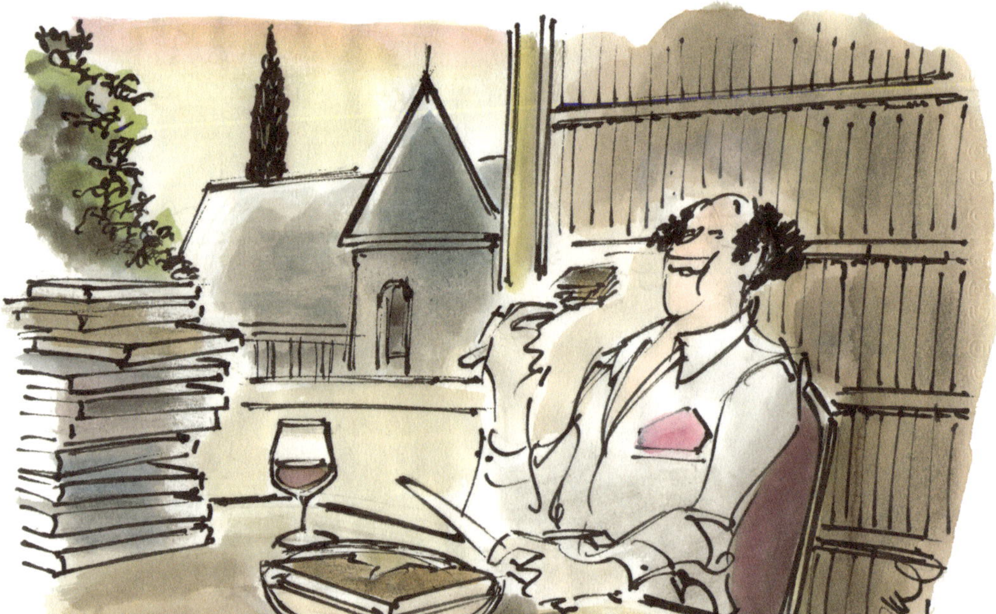

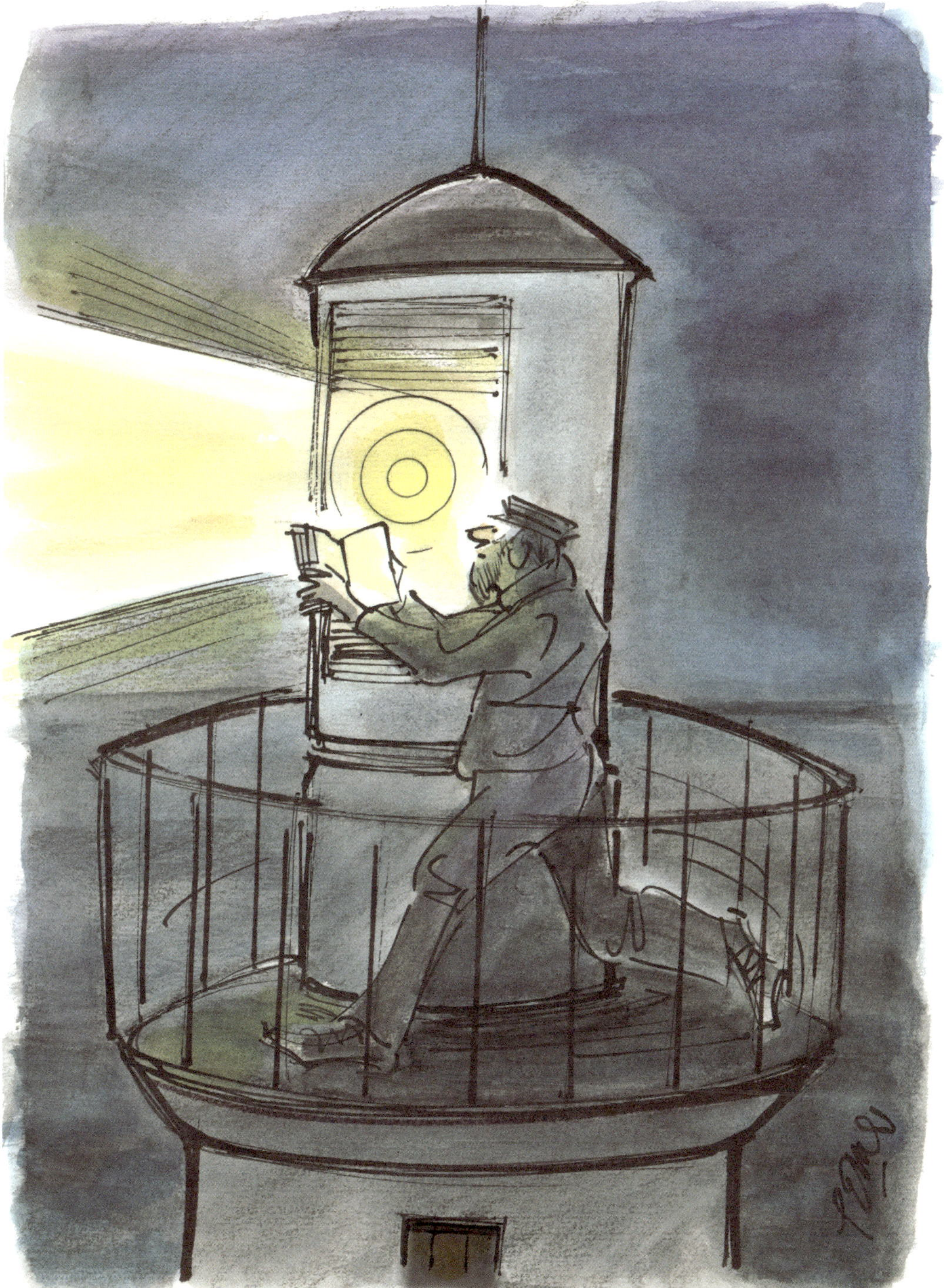

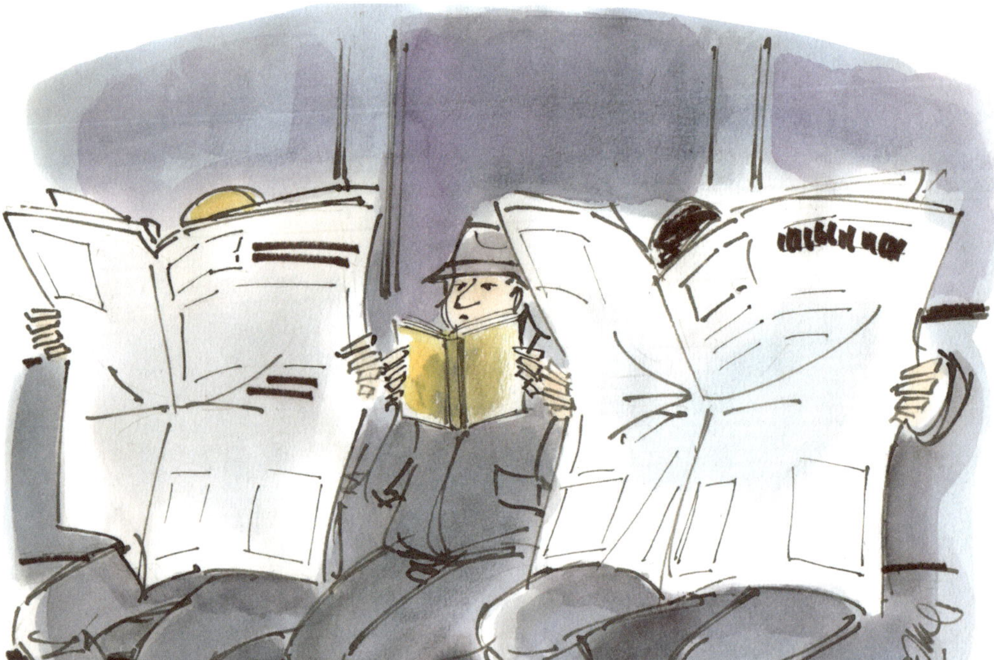

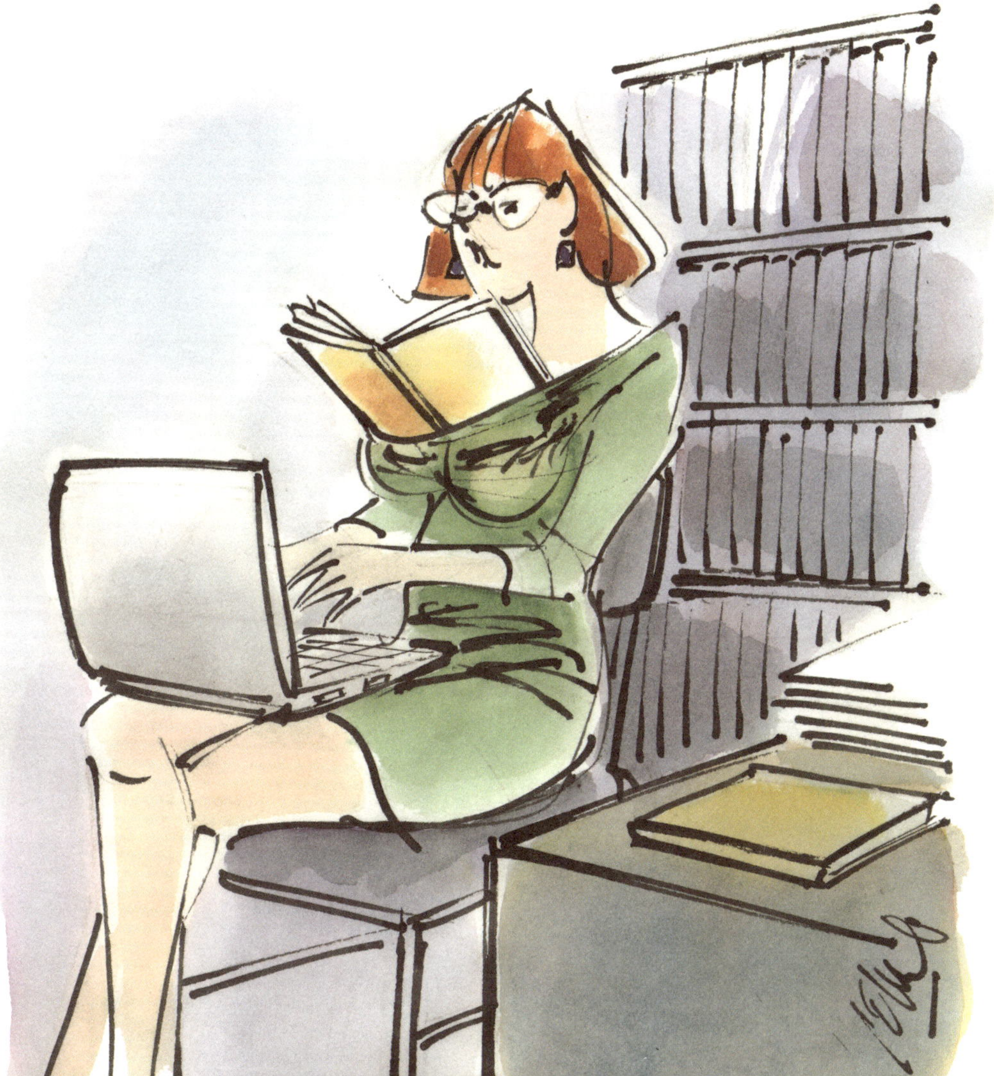

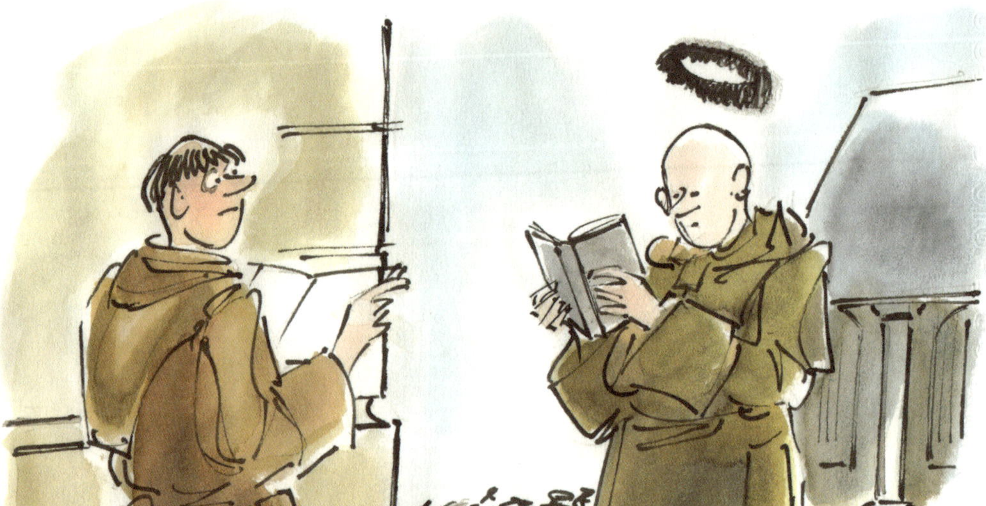

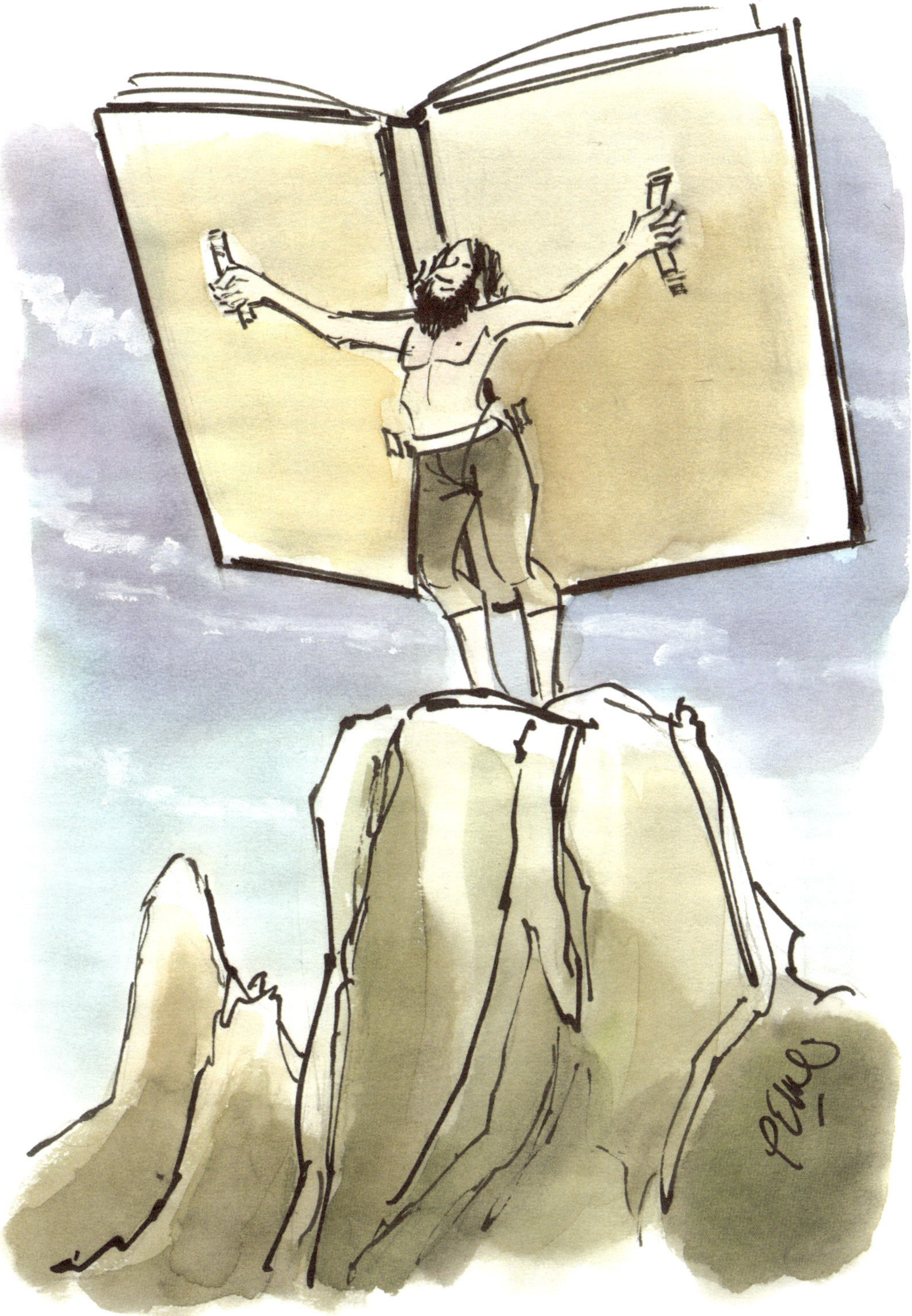

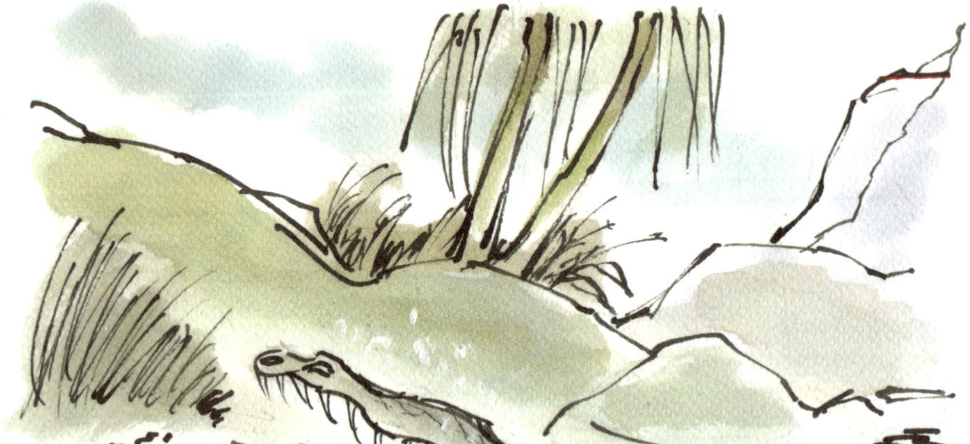

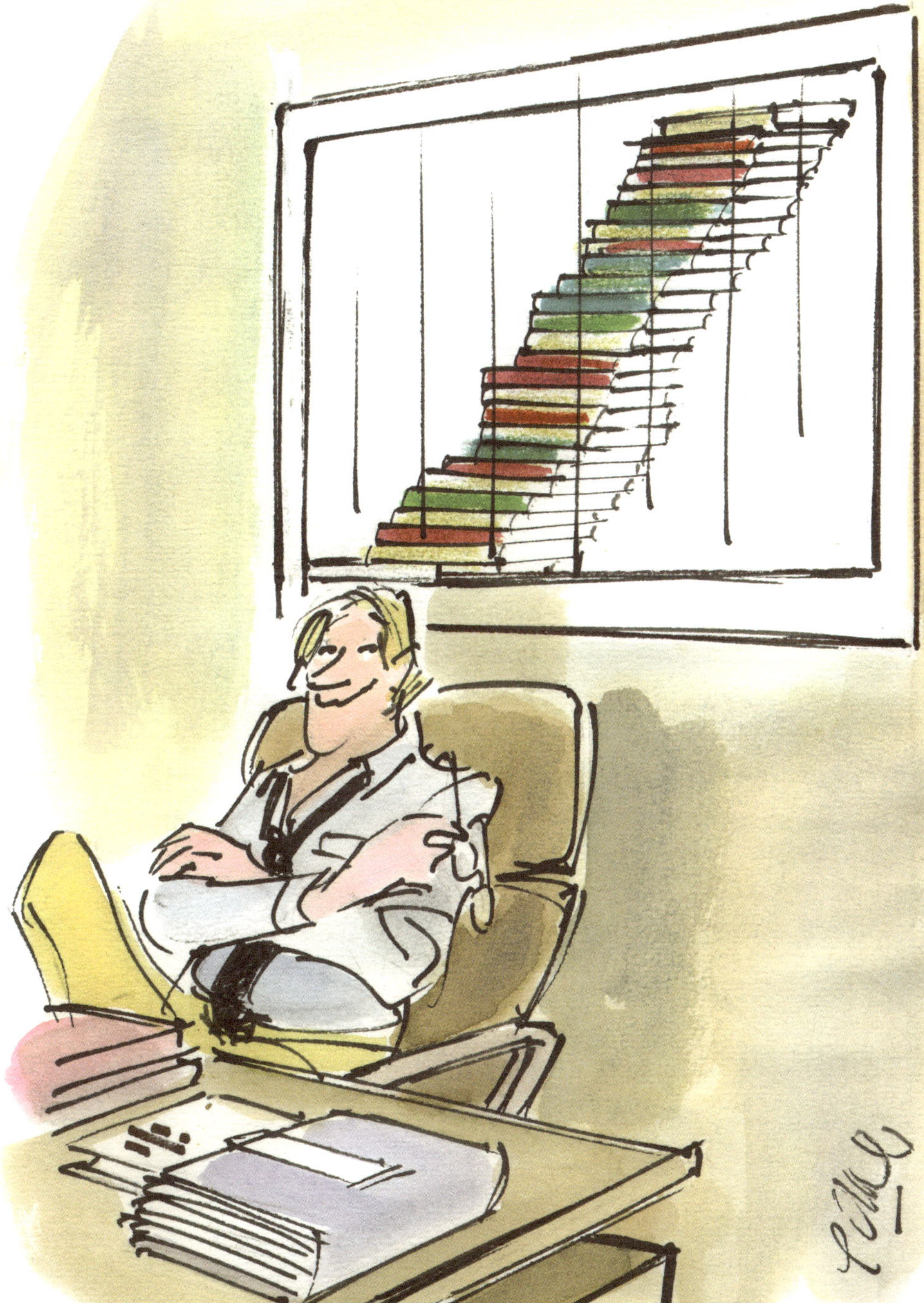

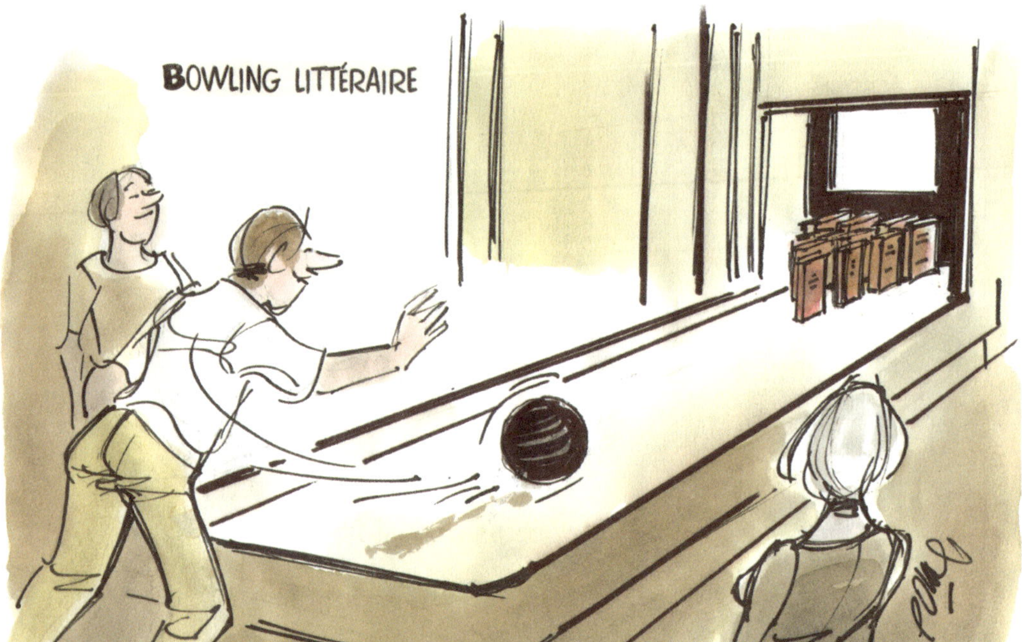
BOWLING LITTÉRAIRE

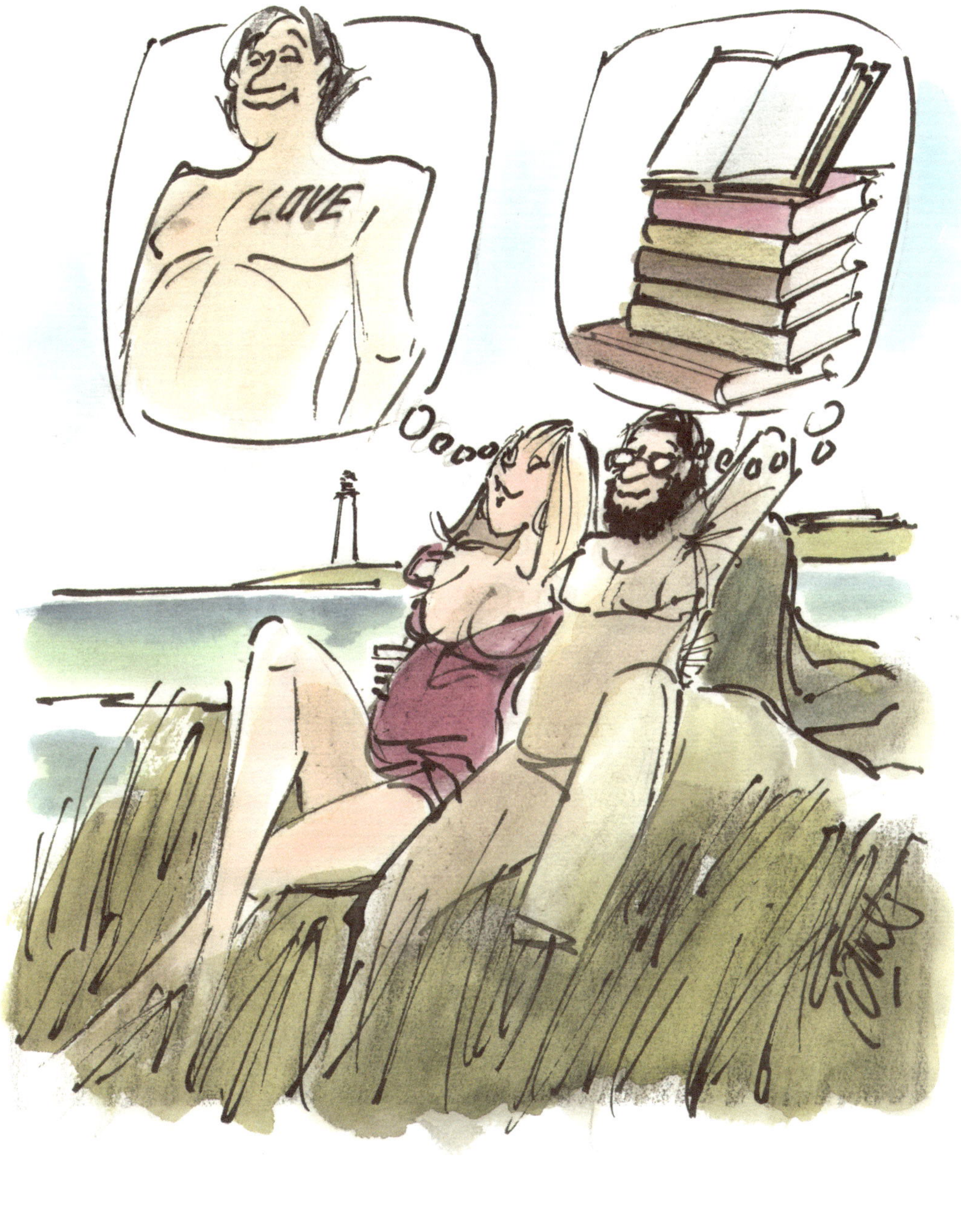
LOVE

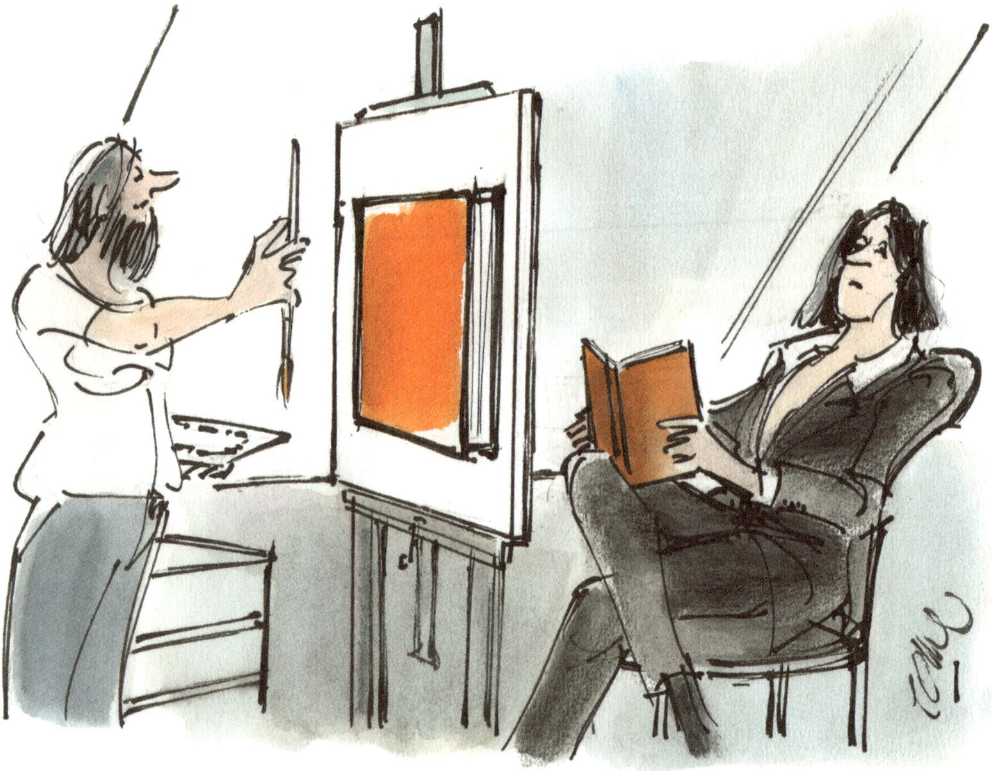

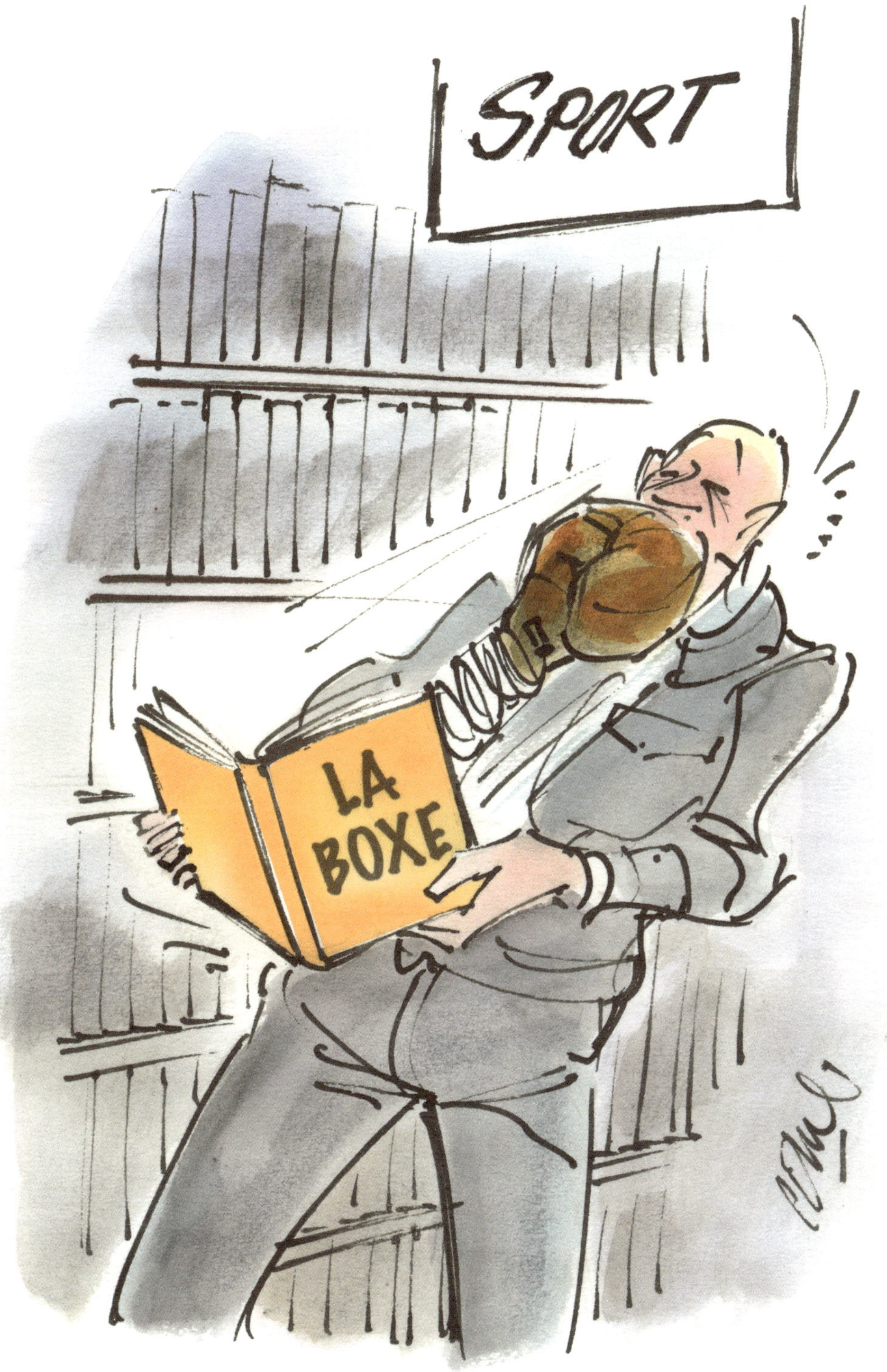
SPORT
LA BOXE

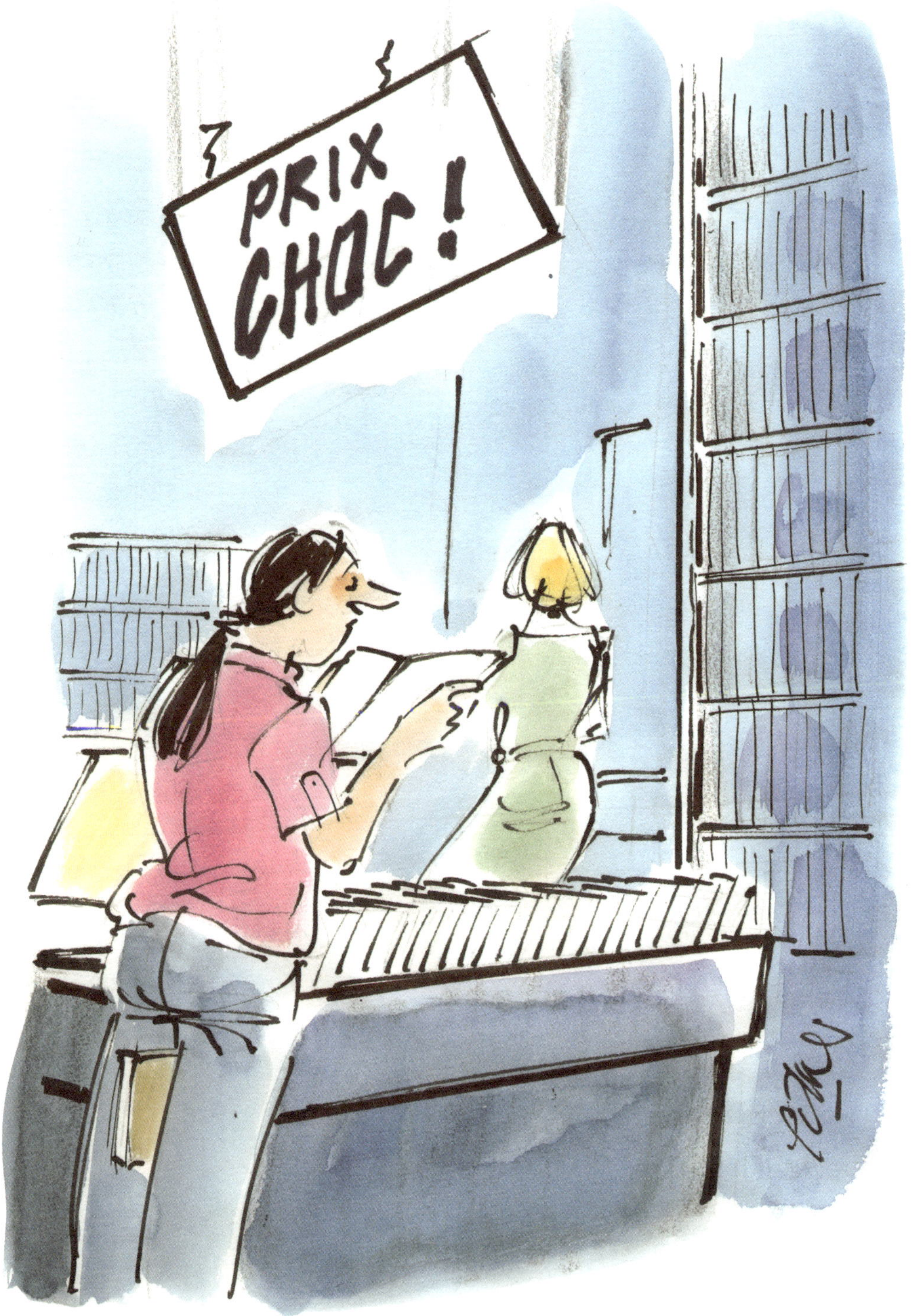
PRIX CHOC !

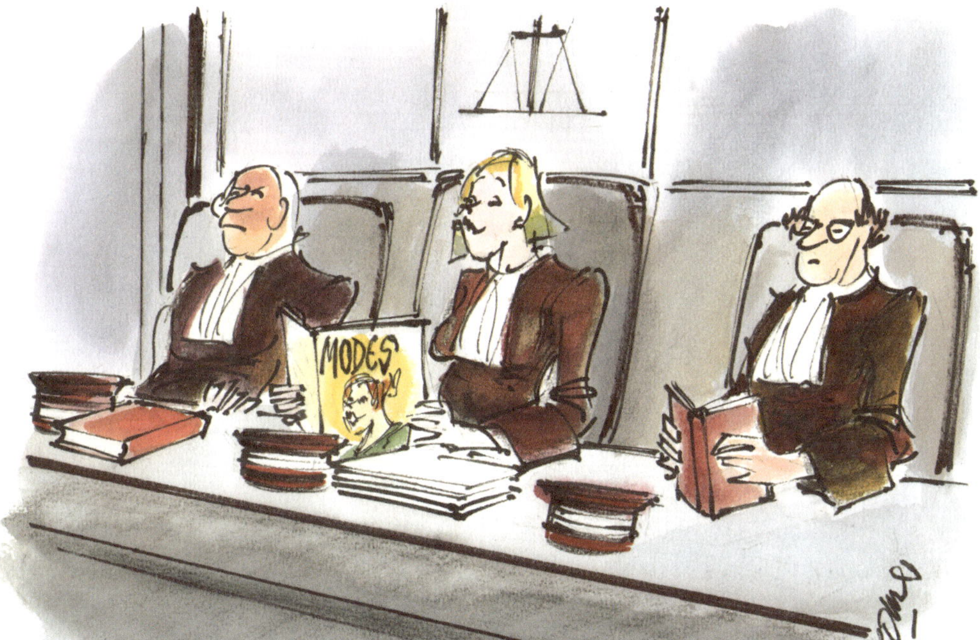
MODES

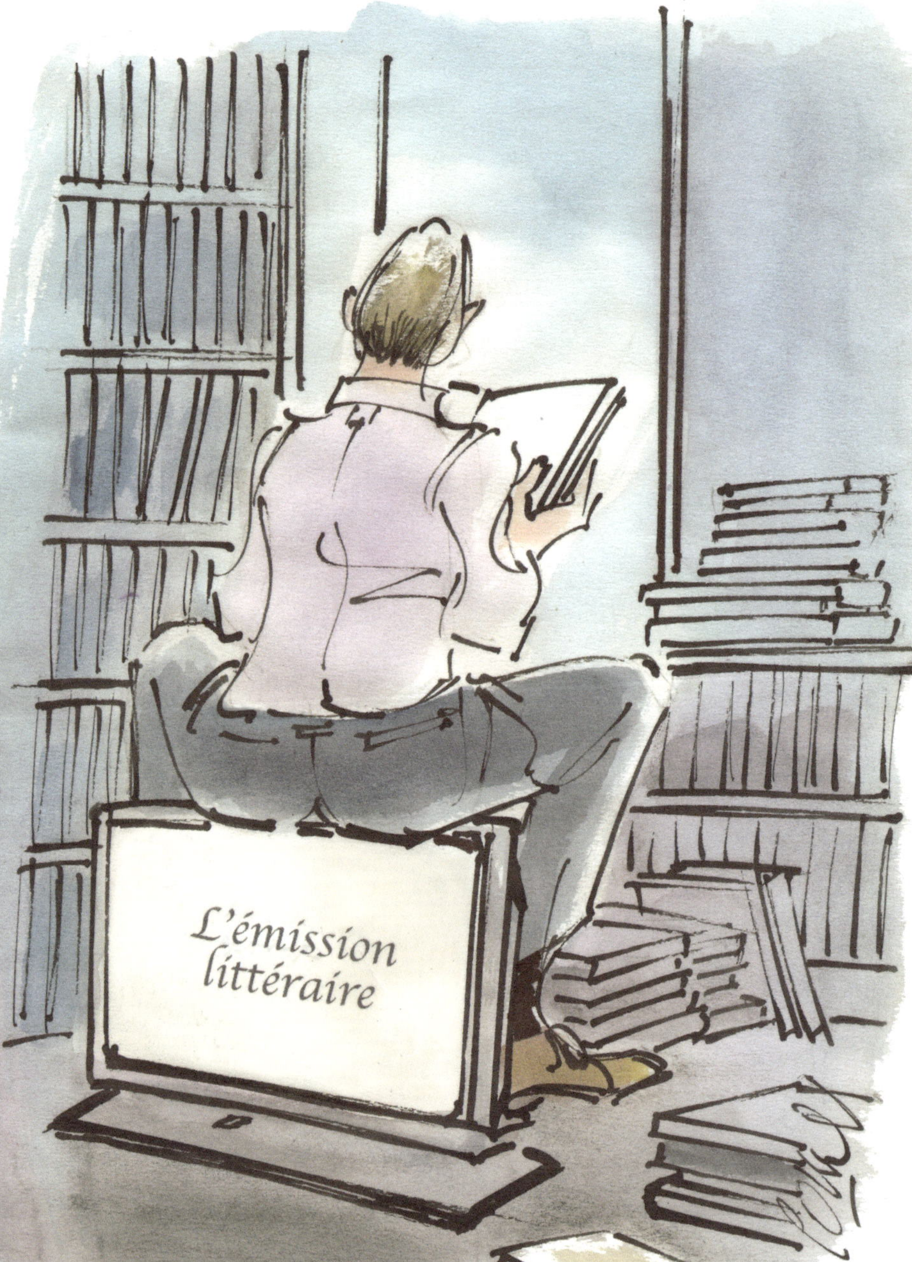
L'émission
littéraire

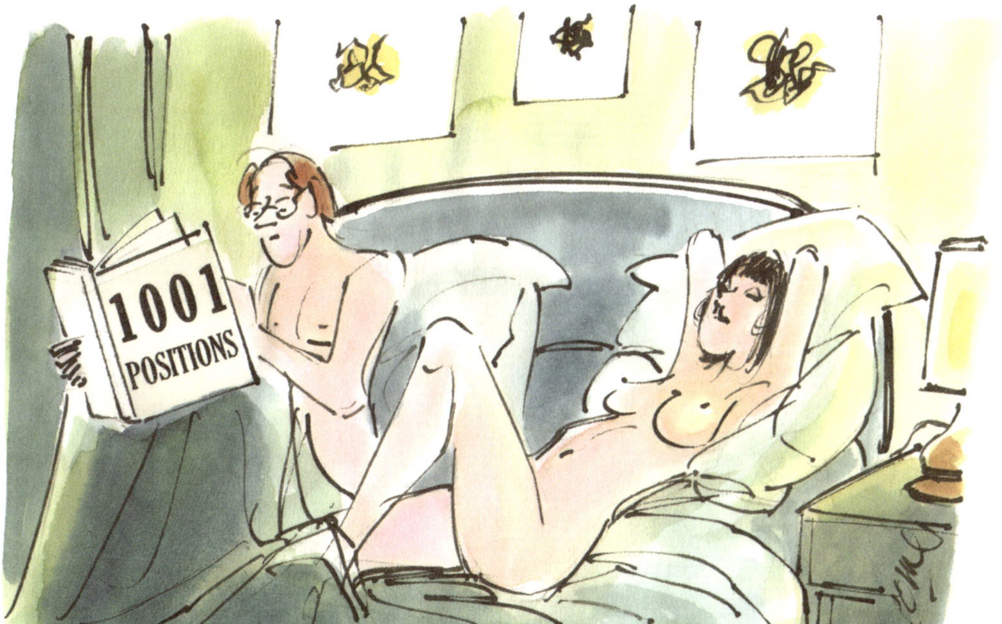
1001
POSITIONS

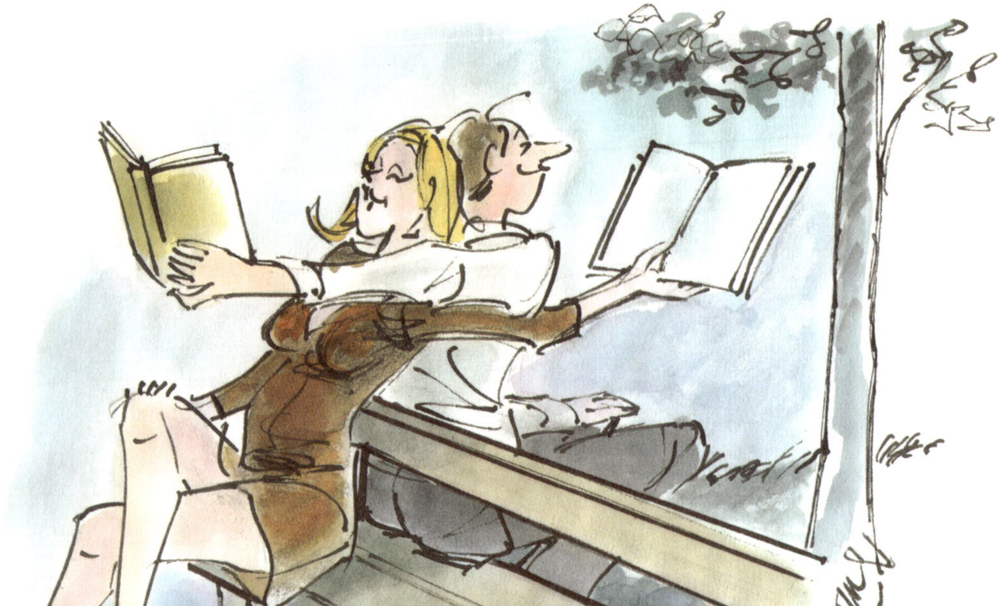

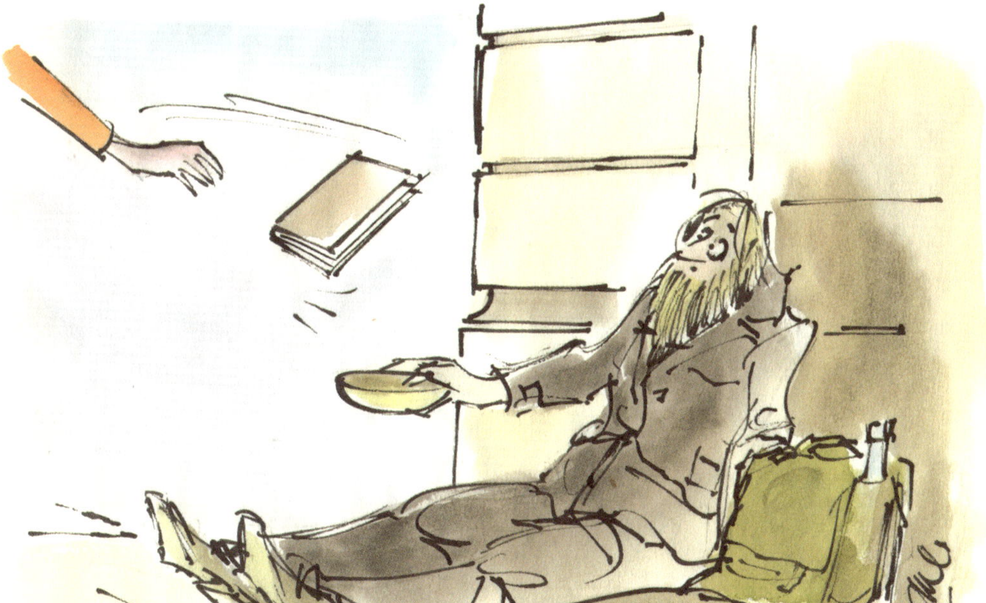

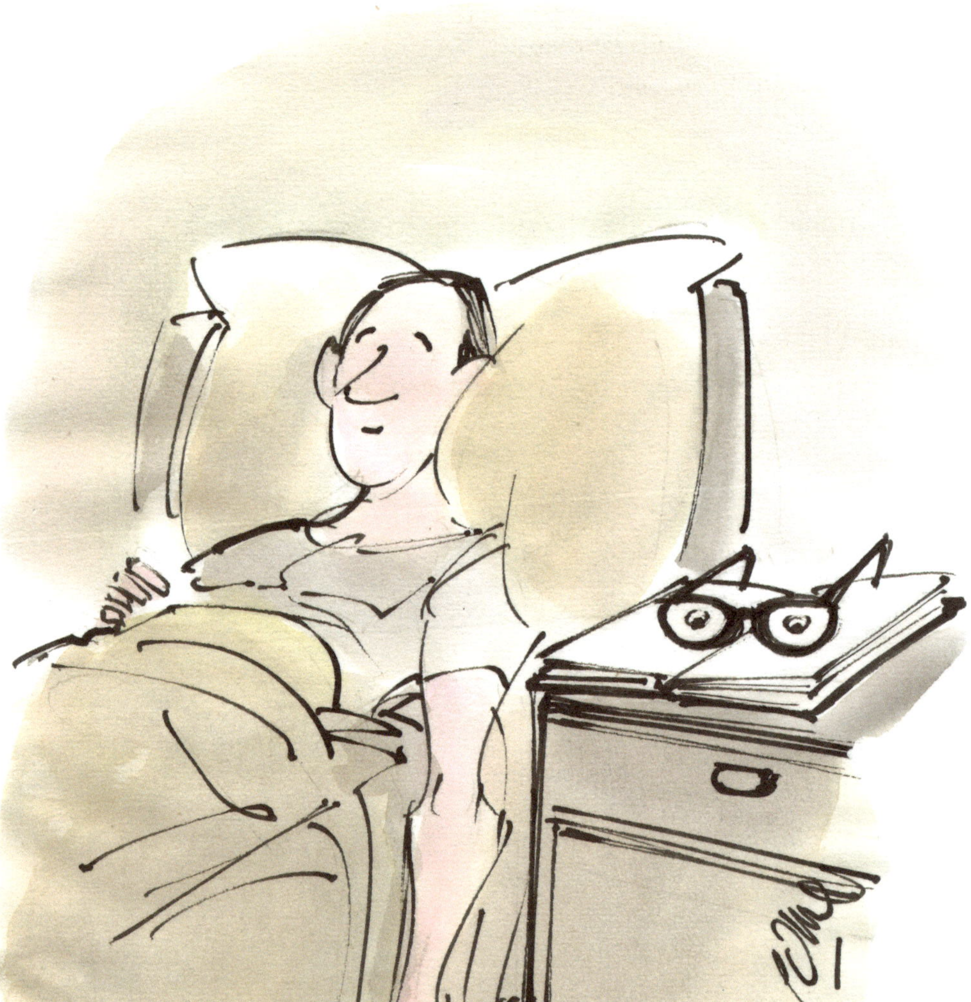

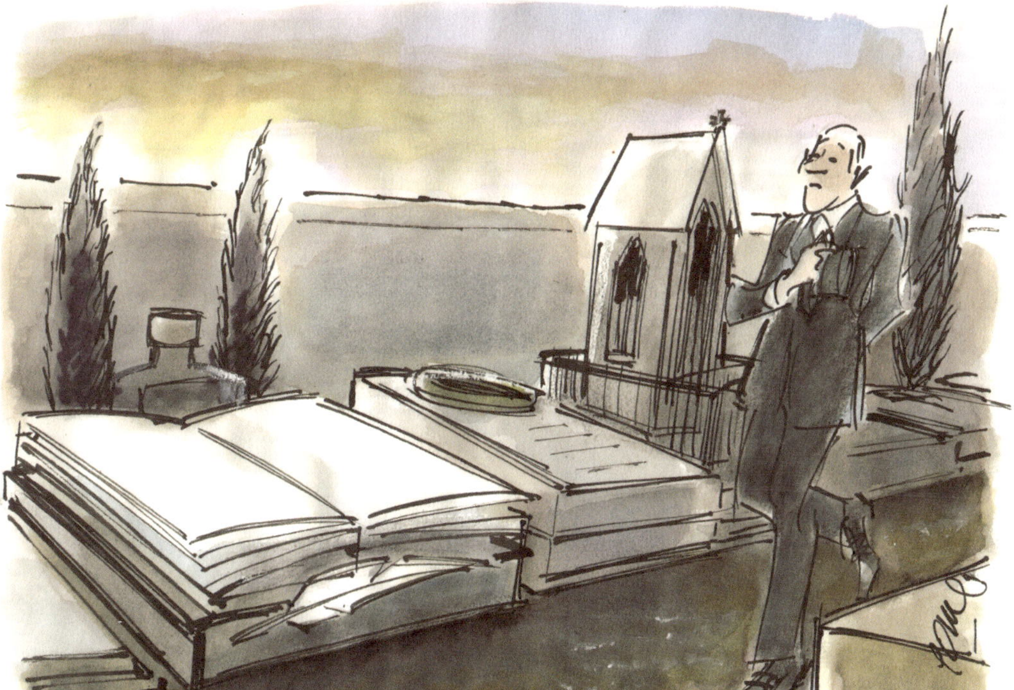

Impression Bordessoules,
maquette Philippe Petit-Prévost.
Il a été achevé d'imprimer en septembre 2009.

Dépôt légal septembre 2009

ISBN : 978 - 2 - 916344 - 50 - 8